南方熊楠・萃点の思想 新版

みなかたくまぐす　すいてんのしそう

【未来のパラダイム転換に向けて】

鶴見和子
Tsurumi Kazuko

松居竜五＝編集協力・新版序
Matsui Ryugo

藤原書店

鶴見和子からのメッセージ——新版に寄せて

本書『南方熊楠・萃点の思想』は二〇〇一年、今からちょうど二十年前に刊行された。その際に私は鶴見和子と対談をさせていただき、本書巻末にあるように、『南方曼陀羅』をめぐって」と題して掲載されることとなった。

この時、鶴見は八十三歳、私は三十七歳。このくらいの年の差のある対談というのは、世代間の対話自体を目的としたものであれば、世の中にたくさん存在するはずである。しかし、南方熊楠のような共通の学問的対象に関して、研究者としての対等な立場から話をするという例は、そう多くはないのではないだろうか。思えば、貴重な体験をさせていただいたものである。

この対話の前提には、南方熊楠の研究方法に対する、鶴見との共通の理解があったと思う。我々の間には、制度的な意味で師弟関係はないが、私の熊楠に対する関心のすべては、鶴見の『南方熊楠——地球志向の比較学』を読んだことから始まる。一九七八年に刊行されたこの本の文庫版を、大学生の時に書店で見つけて購入したことは、まさしく私の人生を変えたできごとであった。

鶴見以前の南方熊楠の理解では、破天荒な智の巨人という評価が一般的であった。しかし、鶴見はこの本の中で熊楠の学問が、当時の英国などの世界の学界ときちんと連動していたこと、むしろ同時代の日本の学者と比べて、熊楠が生物学においても民俗学においても、まっとう過ぎるほどまっとうな手法を用いていたことを喝破した。当時、大学院の比較文学研究室で、西洋と日本の間の文化の接点を見つけようとしていた私にとって、鶴見の議論は大きな指針となった。

その後、大学院に進学して南方熊楠をテーマとして論文を執筆した際に、鶴見のこの本は常に私のかたわらにあった。そうして鶴見の研究に導かれるようにして刊行することができた最初の著作『南方熊楠　一切智の夢』（一九九一年）は、私の研究人生の出発点となるものであった。そのような方向に導いてくれた鶴見に対する感謝の念は、今でも強く持ち続けている。

大学院を修了して研究室の助手になった頃、私は鶴見を練馬の自宅に訪れる機会を得た。その際、鶴見は自分の書庫からあちこちに傍線の引かれた私の本を取り出し、懇切丁寧に批評してくれた。鶴見を目標として自分なりに考えたことをまとめた本について、本人からの高評を得るのはたいへん面はゆい気持ちがした。しかし、『地球志向の比較学』を手に取った時から、そのような道筋は運命づけられていたような気もする。

その直後から二年間、英国に留学していた私は、鶴見が一九九五年十二月に脳内出血で倒れ、半身不随となったことを帰国してから知ることになった。一命を取り留めた鶴見は、一時伊豆で静養してから、京都の宇治にある介護付きの施設、「ゆうゆうの里」に移っていた。さいわい、鶴見の状態は徐々に快復し、知的な作業を再開することもできるようにまでなった。そして、藤原書店のバックアップによって、ゆうゆうの里にさまざまな知識人を招いて対談し、それを書籍として刊行するサイクルが確立されていったのである。

私がゆうゆうの里に呼んでいただいたのも、鶴見がそのような状況にあった頃のことであった。夏の暑い時期で、車椅子に乗った鶴見はこざっぱりした和服を着ていた。その時、私は自分でも意外なことに、とても懐かしい人に会ったような、不思議な感覚に、突然襲われることになった。

「不思議な感覚」というのは、それまでの私にとって、鶴見は私にとってはまさに「先生」であり、尊敬とともに幾分かは畏怖すべき存在だったからである。私が最初に出会った頃の鶴見は、すでに上智大学教授の職を退いていたが、いつも和服を見事に着こなし、教壇に立っていた頃の威厳を保つかのような姿であった。しかし、ゆうゆうの里での再会の際には、鶴見はくつろいだ感じで風景の中に溶け込んでおり、私にはそれがとても好ましい感じに思われたのである。

おそらくそれは、脳出血により死線をさまよう中で、鶴見が獲得していった存在としての自然さだったのだろう。学者としての鎧を脱ぎ捨てたような、とでも形容すればよいだろうか。「手足萎えし身の不自由を梃にして精神自在に飛翔すらしき」と、鶴見は自分でも、倒れた後のそのような心境について歌にしている。そんな風にして、鶴見はゆうゆうの里で自由な余生を送っていたのである。

この時の対談では、自由闊達な雰囲気の中で、南方熊楠の研究に関わるさまざまなことについて話し合うことができた。一九七〇年代に水俣病調査をしていた鶴見が、その関心の延長線上に熊楠をとらえようとしたこと。熊楠の土宜法龍宛ての手紙に見られる思想を「南方マンダラ」と命名した経緯。世界を知るための鍵として鶴見が造語した「萃点」という概念について。そうした鶴見の南方熊楠理解の軌跡について、一つ一つ確かめるようなかたちで本人から聞くことができたのは、私にとってはたいへん重要なことだった。

今読み返してみても、この時の対談には、鶴見の熊楠に対する姿勢が生き生きと表されているのが感じられる。本書の前半にまとめられた鶴見のそれまでの熊楠論と対照しながら、ぜひお読みいただければと思う。

＊　＊　＊

と、ここまでは、本書ができるまでの過程で起きたことであるが、ここからは本書の刊行から現在までの二十年間のことについて語っていきたいと思う。

本書の刊行後に起きたできごとの中で、もっとも重要なものは、南方熊楠から土宜法龍への大量の書簡が新たに発見されたことだろう。二〇〇四年に、当時高野山大学の学生として熊楠の研究をしていた神田英昭氏が、京都の高山寺に、当時住職であった法龍に宛てた四十五通の熊楠からの書簡が所蔵されていることを見つけた。驚くべきことに、そのうちの四十三通は未発表のものであった。それまでの刊行分が二十四通であるから、一気に資料自体が倍以上になったわけである。

これらの書簡は、その後神田氏が、指導教員であった奥山直司氏、熊楠の文字の解読で定評のある雲藤等氏とともに、丁寧に翻刻・編集をおこない、二〇一〇年には藤原書店から『高山寺蔵 南方熊楠書翰――土宜法龍宛 1893-1922』として刊行されることとなった。これによって、「南方マンダラ」を含む熊楠の法龍に宛てた思想的冒険の全体像が一新されたのである。

この間、私は神田氏から連絡を受けて、高山寺の新発見資料の調査に関わらせていただいたのだが、これを鶴見に報告したい気持ちでいっぱいだった。なんと言っても、熊楠の法龍宛書簡を最初に評価し、「南方マンダラ」という名称とともにこれを分析しようとしたのは、鶴見が初めての人物である。その鶴見が、「南方マンダラ」の思想的な内容を大きく広げるようなこの新しい資料をどのように解釈するのかということを知りたいという気持ちを抑えることができなかった。

そこで、藤原書店との協力によって、二〇〇五年四月には、鶴見をゆうゆうの里に再度訪れる機会を得ることになった。この時は松居一人ではなく、前述の雲藤等氏に、田村義也氏、千田智子氏を加えた総勢四人の新しい世代の熊楠研究者で、鶴見を囲んでの座談会となった。この時、高山寺の新資料については、翻刻チームの了承を得て鶴見に翻刻草稿を渡し、こちらから説明することとなったのである。

鶴見はすでに八十六歳であったが、我々四人の若手研究者と丁々発止でやり合い、思考能力にほとんど衰えは見られなかった。この結果は、その後編集を経て『南方熊楠の謎――鶴見和子との対話』（二〇一五年）として刊行されることとなった。この本にはまた、「鶴見和子とその南方熊楠研究」と題した拙論を第一部として収録しているが、その執筆には鶴見との二度の対話がたいへん役に立った。

とは言え、さすがの鶴見にも、当時はまだ一部が翻刻されたばかりであった新しい資料を十全に解釈するための時間は残されていなかったと考えるべきだろう。座談会から一年三ヶ月後の翌二〇〇六年七月に、鶴見は京都ゆうゆうの里診療院で、大腸癌により生涯を閉じることとなった。死の前日まではっきりと意識があり、親族や治療にあたった医師・看護師らの一人一人に「ありがとう」と声をかけ、最後は「Thank you very much!」と締めくくったという、まことに鶴見らしいエピソードが妹の内山章子氏によって記録されている。

＊　＊　＊

それにしても、鶴見が新発見の高山寺蔵南方熊楠書簡をきちんと研究する機会がなかったのは、仕方がないとは言え、残念なことであった。なぜなら、これらの手紙には、それまでに鶴見が既刊の熊楠から法龍に宛てた書簡から読み解こうとした思想を裏付け、さらに広げるような内容が書き表されているからだ。それは、おそらくは鶴見自身が「内発的発展論」という名で展開しようとしていたものが、熊楠が「南方マンダラ」に代表される思索の中で独力で切り開こうとしていた方向と、近似性を持っていることに起因すると、私は考えている。

まず鶴見の死生観から考えてみよう。鶴見はさまざまな機会に、自分はアニミストであると公言している。鶴見のアニミズムの理解は比較的平易なもので、自分の死後のことを語った「アニミズムの葬送」という文章にある次のような言葉に尽きているだろう。

わたしは制度としてのどんな宗教にも所属していない。しかし、「あなたの宗教は」ときかれれば、「アニミズムです」と答える。生きているものにも、生きていないものにも、すべてのものに、人間とおなじように魂が宿るということを信じる。これがアニミズムの信仰である。

（『鶴見和子曼荼羅』Ⅵ、二九一頁）

これに続けて、「人はちりひじとなって悠久の自然に還ってゆく」として、自分の遺体は海に流してほしいという希望を述べている。そうすることによって、自分を構成する原子や分子が「国家を超え、地球を超え、宇宙を循環する」ことが、鶴見の望みであった。

こうした鶴見の死生観は、彼女が生物を対象として繰り広げられた南方熊楠の思想と共鳴した大きな理由の一つであると、私には思われる。特に、鶴見が熊楠の粘菌（変形菌）に対する思い入れに着目したことは重要である。粘菌は、動物と植物の状態を入れ替わるようにして生きている不思議な生物であるが、熊楠はそのライフサイクルに生命の根源をとらえようとした。

熊楠は一九五〇～六〇年代にかけては、どちらかと言えば民俗学者として知られていたのだが、鶴見は『地球志向の比較学』において、熊楠の粘菌研究を「遊びとしての学問」と呼んで再評価を試みた。鶴見は熊楠が粘菌を通じて、地球上の生命においては、常に生と死が入り交じっているという論を展開していると指摘した。

南方が粘菌の観察を通して学んだことは次のようなことである。第一に、生物には生と死（あるいは半死）の状態が交互に訪れるということである。そして一般に考えられているように、生死の境界線は明晰にして判明なものではない。見る人の心によって判断を誤ることがよくある。

（本書一二三四頁）

こうした熊楠の思想は、岩田準一に宛てて送られた書簡などを読めば、導き出すことができるものである。しかし、既刊の土宜法龍宛の書簡などでは、「南方マンダラ」の議論における熊楠の関心は、どちらかと言えば近代科学論にあり、生命哲学的な部分は、それほど強調されていないように見える。鶴見がこのような熊楠の生命論を、多岐にわたるテクストから抜き出したことは、当時の研究史としての段階から考えると、卓見であったと言えるだろう。

ところが、二〇〇四年に高山寺から発見された新資料には、こうした部分での熊楠の関心が前面に押し出されている。熊楠が「南方マンダラ」の議論を開陳するのは一九〇三年七〜八月のことであり、鶴見の南方論もこの時期のテクストを中心としたものであった。しかし、新資料からは、その前年の一九〇二年三月にも、法龍に宛てたいくつもの長文の書簡が送られており、そこでは生命を解き明かす方法としてのマンダラが語られていることがわかったのである。

この時期、京都の高山寺の住職であった法龍は、気管支の病の床にあった。法龍は死についても大いに考えるところがあったようで、熊楠に霊魂と死・不死に関する見方を尋ねてきた。そこで、熊楠はこれに答えようとして、一連の手紙を書き始めた。

まず熊楠は「死不死とは箇々死か箇々不死をいふか」と法龍に問い返している。生物の個体としての生死とは異なる次元の生死があるのではないか、というのが熊楠の問題意識である。そして「動植物の原始ともいふべき変形菌は此問と同一の疑を科学者に起さしむるもの恰好なれば」と、粘菌（変形菌）が、この問題を考えるためには恰好の題材であると続けている。

熊楠が粘菌のライフサイクルから示そうとしたのは、個々の細胞の死が、必ずしも生命体としての死につながらないばかりか、その全体としての生命を支えているということであった。熊楠は次のような粘菌の図を示し、変形体か

ら子実体に変化する瞬間の粘菌には、個々の細胞が死ぬことで、全体の生命の中で大きな役割を果たすことを示している。

そして、この図のような生命の変化こそが「マンダラ」と呼ぶべきものであると言い放つのである。

右の変形菌体の生死不断なるに比して、予の講ずる心の生死の工合ひも分るべし。取も直さず右の図をただ心の変化転生の一種の絵曼陀羅（記号（シンボル））と見て可なり。（二六二頁）

『高山寺蔵 南方熊楠書翰——土宜法龍宛 1893-1922』（259頁）

粘菌においては、生死が完全に分けられるものではなく、連続して存在していると、熊楠は言う。人間の死の場合もまた同じことであることを、熊楠は法龍に対して次のようにも説いている。

吾れ吾れ何れも大日の分子なれば、雑純の別こそあれ、大日の性質の幾分を具せずといふことなし。されば吾れ吾れの好む所なるのみならず、吾れ吾れ身体の分子、原子迄も生死と動作との二をはなれず、何れも生々して止まぬにて、死後も亦静止動作の様子こそ此世とかはれ、生々して止まぬものと知るべし。これは死して直に大日の中枢に帰り得るものと見ていふなり。迷ふものは直ちに中枢に到り得ねば、死しても静止を得ず、動作亦自在ならずと知るべし。（二五六頁）

我々の身体を構成する原子や分子は、死んだ後も自然界の中で運動を続ける。そして「大日の中枢」という生命の根源に到達し、究極的な静止状態を得ることも可能なのだ、というのがこの時の熊楠の結論であった。

このような南方熊楠の見方は、「大日」、つまり大日如来という言葉を「自然」と置き換えるならば、鶴見和子が晩年に抱いていた死生観とほぼ一致すると言ってよいだろう。脳出血で半身不随となった鶴見は、自分の死を見据えながら、自然と個体が生命という絆によってつながっていることを、次のように説いている。

自然とはもっとも大きな生命体で、私たちは微小な生命体で、微小宇宙なんですね。自然は生命の根源です。そこから人間は生まれてくる。そうして死ぬということは、またそこへ還っていくということで、なんにも悲しいことじゃない。めでたいことです。そうして還っていったらどうなるかといったら、バラバラに分解して塵泥(ちりひじ)になって、そこへ散らばっていくでしょう。そうしたらまたいつかそれらが凝集して、何になるかわからないけれど、新しい命となって、この地球が存続するかぎりここへ還ってくるんです。だからちっとも恐ろしいことでも悲しいことでもない。そういうふうに考えられるようになりました。

（鶴見和子『遺言——斃れてのち元まる』五六〜五七頁）

二〇〇四年に高山寺から発見された熊楠から法龍への手紙を、鶴見は今日我々が手にしているようなかたちで読むことはなかった。しかし、その内容は、鶴見がそれまでの熊楠研究の中で予見し、みずからの信条としていった死生観とぴたりと一致するものだったのである。もちろんそれは、偶然ではない。

＊　＊　＊

二〇〇六年七月に鶴見が亡くなった後、その遺体の灰のうちの少量が、親族によって遺言通りに紀州田辺湾の神島(かしま)

の近くの海に流されることとなった。神島は、南方熊楠が生涯をかけてその自然環境を保全しようとした場所である。鶴見は「アニミズムの葬送」の中で、ガンジスへの遺体の葬送の習慣を取り上げながら、川や海が水の循環の力によって、世界のすべてとつながることを説いている。

そのようにして、かつて鶴見和子であった原子や分子が、「国家を超え、地球を超え、宇宙を循環する」ものとなったことを、私も信じたいと思う。

二〇二一年三月

松居竜五

南方熊楠・萃点（すいてん）の思想〈新版〉

目次

幕間　113

III　南方曼陀羅——未来のパラダイム転換に向けて　121

IV 〈対談〉「南方曼陀羅」をめぐって 鶴見和子 vs 松居竜五 139

南方熊楠・萃点の思想〈新版〉

【未来のパラダイム転換に向けて】

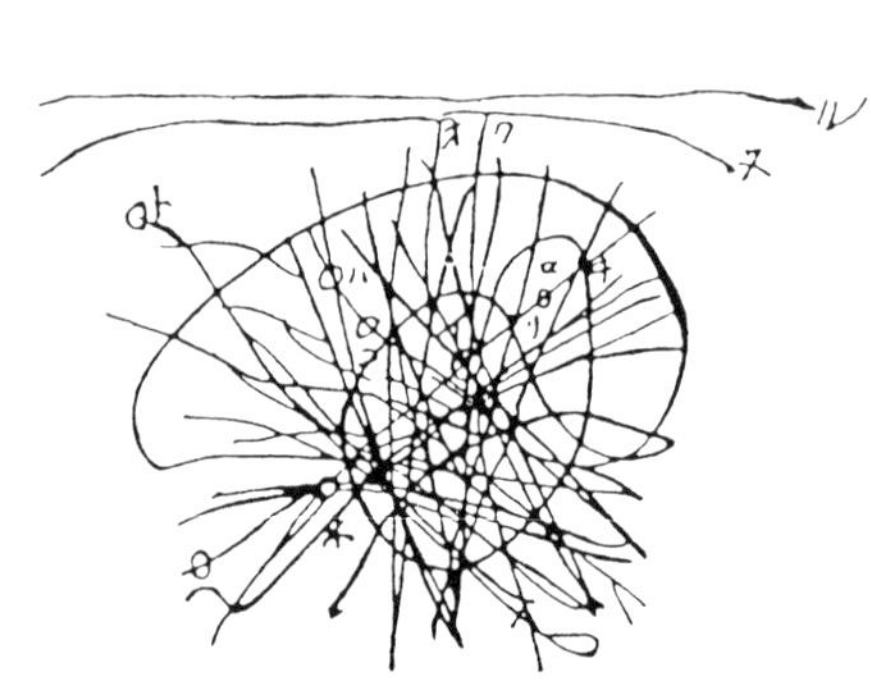

ここに一言す。不思議ということあり。事不思議あり。物不思議あり。心不思議あり。理不思議あり。大日如来の大不思議あり。予は、今日の科学は物不思議をばあらかた片づけ、その順序だけざっと立てならべ得たることと思う。……

これらの諸不思議は、不思議と称するものの、大いに大日如来の大不思議と異にして、法則だに立たんには、必ず人智にて知りうるものと思考す。……この世間宇宙は、天は理なりといえるごとく（理はすじみち）、図のごとく……前後左右上下、いずれの方よりも事理が透徹して、この宇宙を成す。その数無尽なり。故にどこ一つとりても、それを敷衍追究するときは、いかなることをも見出だし、いかなることをもなしうるようになっておる。

その捗（はかど）りに難易あるは、図中（イ）のごときは、諸事理の**萃点**ゆえ、それをとると、いろいろの理を見だすに易くしてはやい。……すなわち図中の、あるいは遠く近き一切の理が、心、物、事、理の不思議にして、それの理を（動かすことはならぬが）道筋を追蹤しえたるだけが、理由（実は現像（げんしょう）の総概括）となりおるなり。

……さてすべて画にあらわれし外に何があるか、それこそ、大日、本体の大不思議なり。

（『南方熊楠　土宜法竜　往復書簡』八坂書房、三〇七―九頁。傍点鶴見）

I ● 転換期の巨人・南方熊楠

1　創造性の謎

『南方熊楠――地球志向の比較学★』を書いたのは、今（一九九一年）から一三年前であった。当時は、「ナンポー・ユウナン」とよまれたり、「ミナミカタ・クマクスノキ」とよまれたりして、困惑したものである。また、これは南方の動物（熊）と植物（楠）の研究書かときかれたという笑い話さえある。それほどに、知られざる人物であった。ところが、昨今では、「みなかたブーム」とさわがれている。学術書や論文のテーマになるだけではない。芝居や小説や漫画やテレビや舞踏など、あらゆる大衆伝達の舞台に、主役として登場する。そのうち「くまぐす」という名の雑誌が出るといううわさもきいた。まさに隔世の感がある。

どうして、こんなに、きゅうに人気がでたのだろうか。南方熊楠が亡くなったのは、一九四一年だから、昨年が没後五〇周年にあたった。しかし、命日が十二月二十九日なので、今年もひきつづき五〇周年だということになる。これは「ブーム」が仕掛けられたきっかけではあるが、「ブーム」の説明にはならない。人は、それぞれ、ちがった動機づけで、この巨人に惹かれているからである。南方熊楠の生きざまと仕事とは、さまざまな人を、さまざまな方向から惹きつける広大な魅力と、深遠な謎とをたたえているからである。南方熊楠の魅力は、その生涯と仕事との謎解きのおもしろさにあるといってもさしつかえない。

南方の生涯と仕事とについて、いくつかの特徴をあげてみよう。

★「日本民俗文化大系」四、講談社、一九七八年。

▼人文・社会・自然科学を横断

第一に、南方熊楠は、柳田国男とともに、日本の民俗学の創始者である。しかし、柳田との違いは、人文・社会科学と自然科学との接点で仕事をしたことである。南方の関心は、社会科学では、民俗学、民俗誌、人類学、社会学、歴史学、心理学、宗教学の分野にわたり、自然科学では、植物学、生物学、動物学に及んだ。とりわけ粘菌及び隠花植物の採集と分類に力を注いだ。さらに、基礎科学としての数学と論理学にもとりくんだ。

▼学校嫌いの大学者

第二は、このような百科全書的な学問分野の習得は、大学などの教育・研究機関によったのではない。主として図書館で、または個人やお寺などの蔵書を借り出して、本を読ん

南方熊楠
(1867-1941)

で筆写する方法によった。また動植物は野外の観察と採集によった。熊楠は、自発的な勉強は大好きで、制度としての学校は大嫌いという態度を、一生涯貫いた。学生としても、教師としても、大学にゆかずに、大学者となった。近代には稀な人物である。

▼漂泊と定住と

第三は、南方の生涯には、海外漂泊の季節と、故郷の和歌山県での定住の時期とが、はっきり分かれていることである。熊楠は、一八六七年、和歌山市の金物商の家に生まれ、和歌山で生い立った。十七歳で中学を卒業して上京し、十八歳で大学予備門（東京帝国大学の前身）に入学したが、翌年には中途退学して、アメリカにゆき、ミシガン州の農学校に入学したが、これも翌年退学した。これ以後は生涯学校の門はくぐっていない。二十五歳の秋から曲馬団に加わって、キューバ、ベネズエラ、ジャマイカ島等を巡歴して、動植物の採集をした。一八九二年にイギリスに渡り、一九〇〇年に帰国するまで足掛け九年間、ロンドンで、主として大英博物館で、七、八ヶ国語の本を読み、ノートを作った。今日でもその厖大なノートは、田辺の南方家の書庫に、蔵書とともに、保存されている。

一九〇一年から三年間、熊野那智山の麓の大阪屋旅館に滞留して、昼間は菌類、藻類などの採集に、夜は読書と英文論文の執筆等に専心した。その後和歌山県田辺に移り住み、四十歳の時に、闘鶏神社社司の娘の田村松枝と結婚した。七十五歳で死ぬまで、国外へは一歩も出なかった。その間、アメリカ国務省から、熱心な招聘があったが、きっぱり断った。しかし、インドへいって仏教の僧となり、アラブ諸国へいってイスラームの導師となり、自由人として世界を漂泊するという夢は、生涯捨てることがなかった。

そして、那智や田辺に住みついて、そこから、ロンドン滞在の頃から始まった、イギリスの学術誌『ネイチャー』と、『ノーツ・エンド・クィアリーズ』への英文論文の寄稿をずっとつづけた。当時は世界の辺境であった和歌山県那智と田辺とを発信基地として、当時は近代科学の最先進地であったロンドンへ、自己の研究と意見とを送信し、論争を挑んでいたのである。暮らしは故郷の僻地に深く根ざして、思想は世界に向かって開かれていたのである。

▼柳田と南方の「東国の学風」

第四に、南方と柳田は、明治の初め以来、日本の学者が、西欧の学問の受け売りばかりやっていることにあきたらなかった。これからは、「東国の学風」を創ることに、協力しあおうと、往復書簡（一九一一年）の中でいい交している。その二人の、「東国の学風」を創るプロセスには、それぞれの特徴があった。

◀柳田国男

柳田は、本居宣長、平田篤胤の流れを汲む江戸国学を基礎とした。これと、近代西欧文学――イプセン、ハイネ、アナトール・フランス等――及びイギリスの民俗誌、民俗学、人類学の読書によって得た知識とを結びあわせることによって、新しい学風を打ちたてようとした。

他方、南方は、父母からの影響で、真言密教の教えが、情念として身についていた。後に、大蔵経を写経するなどして、仏教書に精通した。南方がロンドンに到着した一八九二年九月には、ダーウィンはすでに亡くなっていた（一八八二年四月）が、進化論者のウォレス、ハックスレー、スペンサー、民俗学者・人類学者のゴンム、フレイザー、タイラー等は現役であった。柳田が、本を通してしかしりえなかった先駆的な学者たちの、理論形成がどのような知的雰囲気の中でなされたかを、南方は、ロンドンの同時代人として、身近に感じとることができた。そして、こうした当時のイギリスの自然・社会諸科学の方法論と、かれ自身の基層にあった大乗仏教とを、格闘させることによって、「南方曼陀羅」と呼ばれる独創的なモデルを編み出した。

▼先駆的な環境保全運動

第五に、南方は、書斎に閉じこもるだけの学者ではなかった。那智時代は、植物採集にほとんど生命がけで、山野を跋渉した。それだけではない。一九〇九年から二〇年にかけて、神社合祀(ごうし)反対運動にふみこんだのである。これは、エコロジーの思想にもとづく、日本近代の先駆的な環境保全運動である。足尾鉱毒事件における田中正造の運動と並ぶものだとわたしは考えている。

これら五つの特徴を考えあわせてみると、共通した点がある。民俗学と粘菌学、自発的、自律的な研究と強制的他律的な教育、漂泊と定住、大乗仏教と近代自然科学、学問と社会的実践、という異質なものの間の対立と、それらの間に新しい結びつきを創り出すための強烈な意志と、執念深い努力である。そこに、わたしは、南方熊楠の創造性のカギがあるように思う。

▼創造性とは何か

ここで、創造性とはなにか、を考えてみよう。心理学者フィリップ・ヴァーノンによれば、創造性とは、「考えの新奇な組合わせ、ないしは異常な結合である」。そして、「その組合わせまたは結合は、社会的ないしは理論的な価値をもつか、または他者に対して感情的な衝撃を与えるものでなければならない」、と定義する。★

★Vernon. P.E., ed, *Creativity*, Penguin Books, 1910.

これまで結びつきがあるとは思われなかったことがらのあいだに共通するところがあることを認め、両者をつきあわせ、結びあわせることによって、これまでになかった新しい考え、または、ことがらを創り出す、といういみである。そしてそうして創り出された新しい考えやことがらが、理論的に価値がある、あるいは社会的に役に立つと、多くの人に認められたときに、そのいとなみを、創造的とよぶ、ということである。

▼内念と概念、古代論理と形式論理

さらに、精神分析学者のシルヴァノ・アリエティは、シェイクスピア、ベートーヴェン、ポアンカレ、アインシュタイン等の西欧の独創的な仕事をした芸術家及び科学者の事例を分析した。その結果、創造の筋道には、二組の異質な知的な過程がふくまれていることを、明らかにした。第一に、明晰で判明な概念と、あいまいで形の定まらない「内念」（もやもやした想い）との結びつきがある。第二に、同一律、矛盾律、排中律にもとづく形式論理と、それらの原則を無視して、ものごとの相異よりも同一性を重くみる「古代論理」との結びつきが見られる、というのである。★ 明晰で判明な概念（デカルト）と、形式論理学（アリストテレス）は、西欧近代の合理主義の二つの基本的な原則である。これに対して、「内念」と「古代論理」はアリエティの造語である。ここでおもしろいのは、明晰で判明な概念と形式論理学だけを駆使してものを考え、他人にも語りかけていれば、たしかにはっきり解るけれども、そこには新しい考えは生まれてこない。ところが、「内念」と「古代論理」だけで考え、語っていては、飛躍ばかりしていて、突飛でおもしろいかもしれないが、考えを他者にはっきり伝えることはできない。そこで、これらの異なる思考のプロセスを、結びつけることによって、新しい、そしておもしろい考えを、人にわかるように伝えることができる。西欧近代の合理的思考とそれとは違った思考のプロセスとの結合が必要だということである。

★Arieti, S. , *Creativity: A Magic Synthesis*, Basic Books, 1976.

南方熊楠は、すぐれて創造的な生き方と仕事をした。それは、今日のわたしたち日本人に欠けているとわたしたちが自覚するようになった、まさにそのことなのである。わたしたち自身に欠けていることを、南方熊楠に投影して心を満たしたいという願望が、ブームの一つの動機ではないだろうか。

▼創造的に生きるには

そこでこのブームを逆手にとってみたい。これからあと十一節、熊楠の暮らしの流儀と仕事の中に、かれの創造の過程を、具体的に辿ってみたい。熊楠の創造性の謎解きといってもよい。そうすることによって、わたしたち自身が、どうしたら日々の暮らしにおいても、仕事においても、創造的に生きてゆかれるかの手がかりをつかみたいと思う。道草をして、創造性とはなにか、述べたのも、そのためである。

2 学問大好き　学校大嫌い

南方熊楠の学歴は、「和歌山中学卒」である。大学予備門（東京帝国大学の前身）には入ったが、中途で退学した。アメリカでは、サンフランシスコの商業学校に入ったが、商業を好まずすぐやめた。ミシガン州立農学校に入ったが、教室には出ないで、林野を歩いて動・植物を採集したり、図書館で本をよんだりして、結局友人のおこした事件の責任を自ら負って、進んでやめた。その後は、学生としても、教師としても、大学はおろか、学校の門を

▼大学を出ず、大学で働かず

くぐっていない。大学にいかないで、大学者になった、近代、そしてとくに現代では珍しい人物である。

……わが邦には学位ということを看板にするのあまり、学問の進行を妨ぐること多きは百も御承知のこと。小生は何とぞ福沢先生の外に今二、三十人は無学位の学者がありたきことと思うのあまり、二十四、五歳のとき手に得らるべき学位を望まず、大学などに関係なしにもっぱら自修自学して和歌山中学校が最後の卒業で、いつまで立(ママ)ってもどこを卒業ということなく、ただ自分の論文報告や寄書、随筆が時々世に出て専門家より批評を聞くを無上の楽しみまた栄誉と思いおりたり。★

★「履歴書」（一九二五年矢吹義夫宛）、『南方熊楠全集』第七巻、平凡社、二六ページ。

しかし、大学の教師となる機会が全くなかったわけではない。イギリスでは、「ロンドン大学総長」のフレデリック・ヴィクター・ディキンズの世話で、「ケンブリッジ大学に日本学の講座を設け、アストン（『日本紀』を英訳した人）〔ウィリアム・ジョージ・アストン〕ぐらいを教授とし、小生を助教授として永く英国に留めんとしたるなり。しかるに不幸にも南阿戦争〔第二次戦争、一八九九—一九〇二年〕起こり……南阿戦争は永くつづき、ケンブリッジに日本学講座の話しも立消えになったから、決然蚊帳(かや)のごとき洋服一枚まとって帰国致し候。」とそのいきさつを語っている。★

★「履歴書」前掲、二四ページ。

日本に帰ってからも、教師になる機会はあった。それは、一八九三年ロンドンで出会って以来、熊楠にとって最もよき学問上の知己となった、高野山管長土宜法竜(ときほうりゅう)★の懇望による

★土宜法竜　本書四三ページ注参照。

ものであった。土宜法竜は、かれが中心になって創設した真言宗高等中学林〔現在は種智院大学〕の教授として南方を迎えたいと考えていたのである。一九〇二年三月八日の熊楠宛書簡で、法竜はつぎのように、懇請する。

……陳ぶれば高等中学林教授に尊台御招聘申し上げたき儀につき、事務員高藤参り候間、万事よろしく御聞き取りの上、御了認願い上げ候。実に幼稚の学林ゆえ尊台のものと思し召し、御行遠の御所存願い上げ奉り候。俸給すなわち御礼等の儀も、追い追い増加変易仕るべく候えども、その辺の処もよろしく御内願致したく候。

これに対して熊楠は、三月二十二日付で、つぎのように応えている。

……貴状拝見。学校のことは往かぬどころでなく、必ず往くなり。ただし、小乗末輩の人々事を興すところへ、金粟王如来〔熊楠自称〕に裏面より論鋒を加えられては、三千大衆五百の声聞いよいよ狼狽せんことをおそれ、しばらく事定まるを俟って修繕を加えやらんと思うまでなり。

結局、熊楠は法竜の願いを受けいれなかった。その理由がなんであったかを、かれ自身あきらかにしていない。しかしこのようないきさつがあったことを、最近になって、田辺の南方家の書庫から、土宜法竜の南方宛書簡が発見され、出版されることによって、はじ

めて知ることができた。★

南方はまた、官につく機会が二度あった。ロンドンの大英博物館では、東洋図書部長のサー・ロバート・ダグラスが、南方の博識を認めて、正規の館員になるようにすすめたが、かれはきっぱり断った。

「人となれば自在ならず、自在なれば人とならずで、自分は至って勝手千万な男ゆえ辞退して就職せず、ただ館員外の参考人たりしに止まる。★」

二度目の機会は、一九〇九年、アメリカ農務省のスウィングル博士から同省への招聘状がきた。南方は断ったが、一九一五年スウィングルは自ら田辺を訪れて、南方の渡米を再度促したが、南方は断った。この時期は、のちに詳しくのべる神社合祀反対運動のさ中であったから、田辺を離れる気などさらになかったであろうことは推察できる。

故岡本清造★氏は、熊楠は、アメリカに行くことが、かれの学問にプラスにならないと判断したためだと筆者に語られた（一九七六年五月二十一日）。

このように、南方熊楠は、生涯を「中卒」で、大学にゆかず、学会に加入せず、無位無官のままで押しとおした。現代人は組織人（オーガニゼイション・マン又はウォマン）だといわれるが、熊楠は、生涯を非組織人の立場を守ることによって、かろうじて独自の学問と活動とをなしとげた。

▼生涯、非組織人として

学校も、職場も、組織であり、そこに属する個人を管理する点では変りがない。他者によって組織され管理されて勉強したり働いたりしている場合は、たとえいやいやであっても、定められた時間の間になにかをしている。しかし、組織の外にいて、他者の管理を拒

★飯倉照平・長谷川興蔵編『南方熊楠　土宜法竜　往復書簡』八坂書房、一九九〇年、二四三、二五三―六ページ。

★「履歴書」前掲、一五ページ。

★岡本清造　日本大学名誉教授、漁業経済学者、南方の令嬢文枝氏の夫君。

否して、なにごとかをしようとすれば、自分で自分を律するよりほかはない。たとえ自分の好き勝手なことをするとしても、それは大へん気力の要る仕事である。南方熊楠は、小さな子どもの時から、自分で勉強する癖を自分でつけたのである。そして、その癖を、一生かかって磨きあげたということができる。

七歳で、小学校に入学した熊楠は、学校の勉強とは別に、自分で、『節用集★』などを筆写し始めた。椿屋敷とよばれた大きな家で、未亡人が近所の娘たちを集めて裁縫などを教えていた。熊楠は八、九歳のころからその家に通って、『和漢三才図会★』を、三年がかりで読み、「ことごとく記憶し帰り、反古紙に写し出し」た。娘たちの話し声や笑い声も、まったく耳に入らなかったらしい。このすさまじい集中力は、生涯つづいた南方流である。また、本を借りて読み、筆写する癖もこのころから形成された。こんな具合に、『本草綱目★』、『大和本草★』、『経済録★』、『山海経★』等等、中国と日本の博物・地理・経済・神話等にかんする古典を十四歳ごろまでに、読んで写し了えた。おどろくことに、これらの幼少年期の読書が、後年の南方の英文和文の随処にちりばめられていることである。

「書物はただ読むだけではダメだ。読んだら必ずこれを写して、覚えなければいかぬ」と、後年かれは、雑賀貞次郎★に語った★。

父の弥兵衛は熊楠が生れた当時は金物商で、後に金貸業に転じた。熊楠は、父は「無学の人」といっている。したがって、本を読んでそれを筆写するということは、父母から強制されたものでも、教えられたものでもない。おそらく、覚えたい一心にやり始めたのが病みつきで、おもしろくて一生やめられなくなったのだろう。

▼幼少からの筆写の習慣

★『節用集』　室町時代中期にできたいろは引きの国語辞典。

★『和漢三才図会』　江戸時代の図入りの百科事典、一〇五巻。

★『本草綱目』　中国明代の薬物書、五二巻、漢文。

★『大和本草』　貝原益軒著、本編一三巻、和漢洋の動・植・鉱物を集める。

★『経済録』　太宰春台著、経世済民を論じる、一〇巻。

★『山海経』　中国古代の地理書、各地の山や海や川の動・植・鉱物、そして神々の話などを記す。

★雑賀貞次郎　田辺に住み、南方の民俗学の弟子で、郷土史家でもあった。

★岡本清造「熊楠翁と手写本」、樫山茂樹編『南方熊楠先生小伝』紀州政経社、一九六七年、一三三―一七ページ。

父は熊楠の本好きを見てとって、漢学の師匠をつけた。熊楠は『文選（もんぜん）』★の素読を習った。「一度師匠の読むを聞いて二度めよりは師匠よりも速やかに読」んだという★。

▼自然への強い関心

しかし、熊楠少年は、本の虫だけではなかった。「中学に通う途中で、珍らしいものを見つけると、その場で弁当を食べて、空にした弁当箱に蛙や、きのこを入れて持ち帰って」、観察し調べた。自分で興味をもったことを、自分で勉強するのに熱中したために、中学の成績はよくはなかった。しかし中学在学中に、尊敬できるひとりの教師に出会った。和歌、日本画、英語をよくし、天文、動植物に詳しく、軍艦マーチの作詞者でもあった、田辺生れの鳥山啓である。熊楠少年が、動植物の観察や採集の仕方を、最初に学んだのは、この教師からであった★。

中学卒業後東京に出て、一八八四年大学予備門に入ったが、教室は休んでばかり。「ひたすら上野図書館に通い、思うままに和漢洋の書を読」んだ。またさかんに白梅亭や鈴本などの寄席にいって、落語をきいた。この落語の口調は、後日の南方の和文の文体に躍動している。

こんな調子だったから、成績のよい筈はない。一八八五年三月の「生徒優劣表」（和歌山県白浜町南方熊楠記念館所蔵）によると、熊楠の平均点は六五・五点で、英学生徒一一六名中下から八番目であった。とくに、フランス人の教師の教える体操が気に入らず、皆欠（かい）席で、ゼロであった。同期生には、夏目漱石、芳賀矢一、正岡子規、山田美妙斎等がいた。そこで予備門を中途退学して、一八八六年、二十歳でアメリカに出発することになる。

学校にいっても、学校以外に自分の日課をたてて勉強する。教師のいうことを丸呑みに

★『文選』 中国六朝の梁代に編まれた詞華集。
★「履歴書」前掲、八ページ。
★樫山編、前掲、二四―五ページ。

しない。自分が本で読んだこと、自分で実物によって確かめたことから、教師のいうことを批判する。教師が生徒を選抜するのではなく、生徒である熊楠が、教師を採点しているのであった。これまでの、そして現在の日本の教育機関の中では許されないことである。熊楠少年は、他律の時間である学校の外に、自律の時間と日課を創ることによって、創造的生涯の設計に着手したのである。

3　海を渡った自由民権

▼米国で自由民権運動と交流

南方熊楠についてはは、まだまだわからないことがたくさんある。その一つは、非政治的人間であった熊楠が、なぜ四十代から五十代にかけての、もっとも学問にあぶらののった時期に、突如として、一一年間も神社合祀反対運動に「修羅を燃やした」のか、ということであった。このことは、一九七八年に、『南方熊楠』を書いたときには、十分に納得がいかなかった。ところが、一九八〇年に、新井勝紘氏が、埼玉県入間市藤沢の橋本家所蔵の在米邦人新聞資料の中から、『大日本』を発掘した。そのことについて新井氏が書かれた、「アメリカで発行された新聞『大日本』考」★をよんで、はじめて、光が射したように思った。熊楠が在米中に、自由民権運動に直接・間接にかかわって、アメリカへ亡命、もしくは留学した日本の青年たちとの交遊があり、いっしょに新聞を発行したことがあった、と

★「アメリカで発行された新聞『大日本』考」『田中正造とその時代』第三号、青山館、一九八二年秋特別増大号。

いうことが、『大日本』の発見を通して、明らかになったからである。

その後、南方の在米時代の日記が公刊されることによって、その友人関係がはっきりしてきた。これらをつきあわせて、熊楠の渡米（一八八六年十二月）から、サンフランシスコのパシフィック・ビジネス・カレッジ（商業学校）（一八八七年一月―八月）、ミシガン州ランシング農学校（同年八月―十一月）をへて、同州アナーバ滞在（同年十一月―一八九一年四月）までを、熊楠と自由民権とのかかわりを中心として述べる。このことは、後述する神社合祀反対運動への地下水の流れと見なすことができるかもしれない。

南方が横浜をアメリカに向けて出帆したのは、一八八六（明治十九）年十二月二十二日であった。この時期には、国内の自由民権運動への弾圧がきびしくなり、馬場辰猪、畑下熊野、福田友作、石坂公歴らの民権家が、相前後してアメリカに亡命した。一八八七年十一月には、サンフランシスコで、亡命民権家二五名が集まって、在米日本人愛国同盟を結成した。そして、八名の同盟委員を選出した。その中に、福田友作、橋本義三ら、のちに南方と親交を結ぶ人たちがいた。★

★色川大吉『自由民権』岩波新書、一九八一年、一九二―四ページ。

▼**手書きの民権新聞発行**

在米民権家の新聞発行は、在米日本人愛国同盟の結成よりもはやく、一八八七年九月から、オークランドで、『新日本』が創刊されていた。とくに条約改正問題をめぐって、激しく日本政府を批判したために、政府は、内務省令をもって、一八八八年二月六日、『新日本』以下の「米国ニ於テ発行スル新聞紙」の発禁を命じた。そのため『新日本』は一六号が最終号となった。しかしその後、愛国同盟は、新聞の名称をつぎつぎに変えて続刊した。★

★色川、前掲、二〇〇ページ。

一方南方熊楠は、在米日本人愛国同盟の結成より三ヶ月前の八月八日にサンフランシスコを出てミシガン州ランシングに移っている。ランシングの農学校には入学したものの、「欠席すること多く、ただただ林野を歩んで、実物を採りまた観察し、学校の図書館にのみつめきって図書を写し抄す★」。小学校以来の南方流である。寄宿舎で仲間と酒をのみ、「熊楠一人その罪を負」って、夜陰に乗じて脱走した。

その後熊楠は、ミシガン大学のあるアナーバにゆき、三年五ヶ月滞在する。「ここには日本人学生二十人ばかりありし。後には三、四十人もありし。……ここにて小生は大学校に入らず、例のごとく自分で書籍を買い標本を集め、もっぱら図書館にゆき、広く、曠野林中に遊びて自然を観察す」という生活をつづけた★。

アナーバに落ちついた翌年の一八八八年一月四日に、はじめて、「新日本第十二号」を南方は受けとった。十六日に「第十三号」、二十一日に「第十一号」を前後して受信し、二月二十五日には最終号の「第十六号」を落手した★。新井氏は、『二〇〇部位』といわれるごく少部数の新聞が、南方の手に届いているということは、当然南方と『新日本』を結ぶなんらかのルート、つながりがあったのであろう」といっている★。

南方が主筆となって創刊した手書きの新聞『大日本』は、一八八九年二月一日、アナーバで発行された。手書きであるために、これが後にも先にもただ一部である。その一部を、仲間でまわし読みしていたのである。南方日記の二月二十日付には、「再び廻文を高野氏へ宛、学生全員へまわし、大日本（新紙）を返されんことを求む」とあるのを見てもわかる★。

初期のアメリカにおける民権派の新聞は、「みな手書きかガリ版刷りであった」と色川大吉氏は述べている★。

★「履歴書」前掲、八ページ。

★「履歴書」前掲、九ページ。

★『南方熊楠日記1（1885-1896）』八坂書房、一九八七年、一四四―九ページ。

★新井「在米時代の南方熊楠――民権派との交遊を中心として」（解説）、『日記1』前掲、四五二ページ。

★『日記1』前掲、一九三―四ページ。

★色川、前掲、一九四ページ。

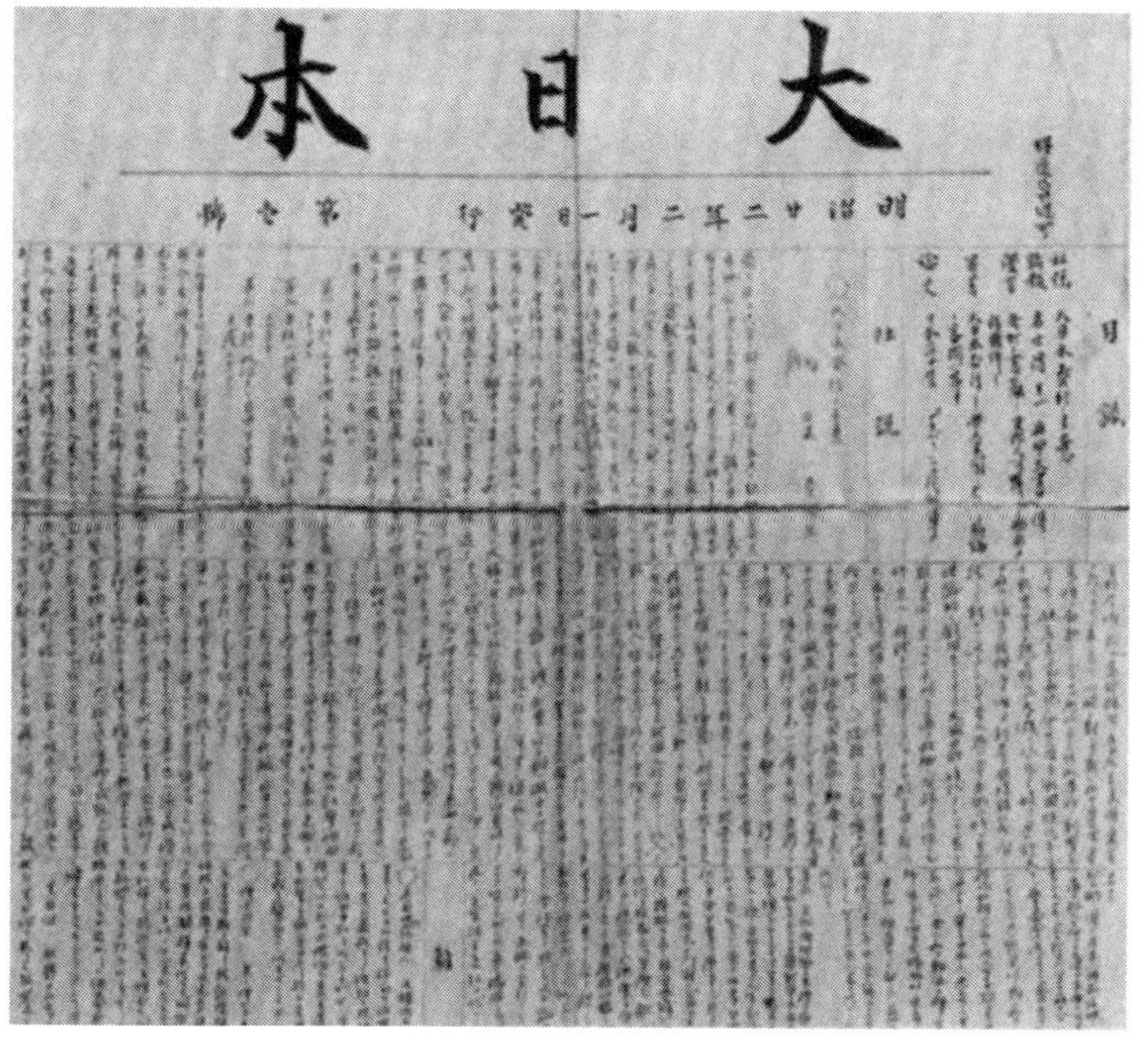

大日本

明治廿二年二月一日發行　第壹號

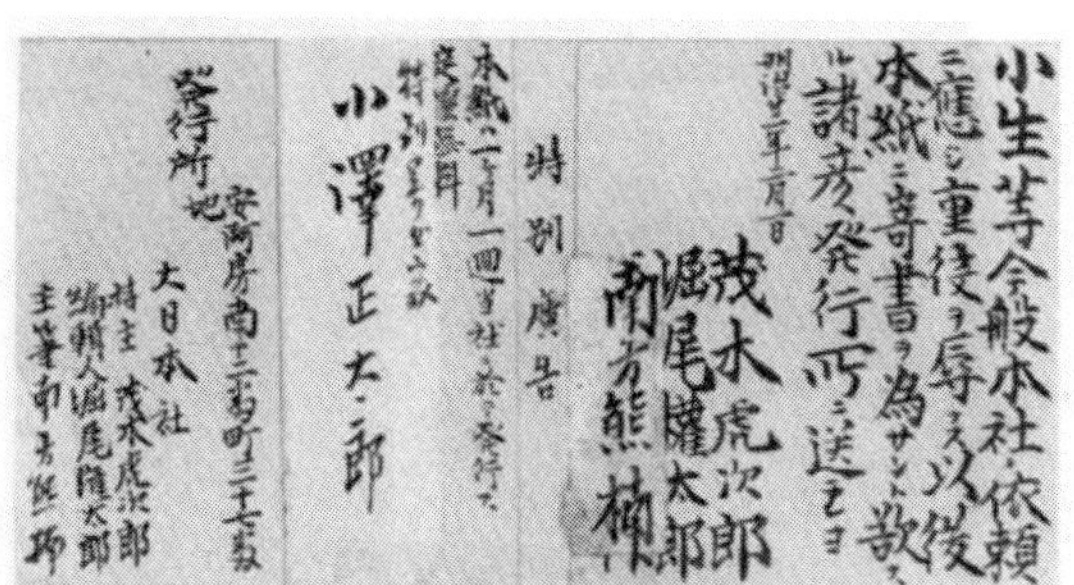

小生等今般本社ノ依頼ニ應シ重役ヲ辱フス以後本紙ニ寄書ヲ為サント欲スル諸彦ハ發行所ニ送ラレヨ

明治二十二年二月一日

茂木虎次郎
堀尾權太郎
南方熊楠

特別廣告

小澤正太郎

發行所地　安房

大日本社
持主　茂木虎次郎
編輯人　堀尾權太郎

▲新聞『大日本』と、紙を貼って書かれた「南方熊楠」の文字

『大日本』の持主は茂木虎次郎、編集人は堀尾権太郎である。主筆のところには、ノートのきれはしに南方熊楠と書いてはりつけてあり、それをはがすと「福田友作」と書かれているということだ。したがって、福田がこれに加わっていたことは間違いない。そしてもうひとり、橋本義三が加わって、当時アナーバにいたこの五人組が、主要メンバーで『大日本』を発行していたのであろうと、新井氏は推測している。南方を除くこれら四人の民権運動へのかかわりと、渡米の経路などを新井氏はくわしく述べているが、ここでは省く。★「社説　大日本発行の主意　在米　一憂国生」として、この新聞を発行する目的がかかげられている。

◀茂木虎次郎

★新井「アメリカで発行された新聞『大日本』考」前掲、一二〇—一二ページ。

「第一吾社ハ大日本国ノ大日本国タル所以ヲ発表スルニアリ。」

「第二吾社ハ社会ノ弊風ヲ矯正シ徳義ヲ奨励スルニアリ。」

「第三吾社ハ政治上ノ自由平等ノ正義ヲ遵奉主張スルニアリ。」

▼『大日本』発行の目標

この三大目標について、論じている。第一は、二十世紀は力の競争の時代であるのに、日本は政治組織は不完全で、貿易は振わず、門閥主義がはびこっている。これでは国権は地に落ちる。外人が日本を侮るのは、外人の罪ではなくて、日本人自身が外人に智勇、学問の上で劣っているからだ。日本人留学生の態度も悪い。いたずらに「泰西ノ文物ニ心酔」し、外人に媚びへつらい、善悪の区別もわきまえない。これをまず改めることが目的であると説く。

第二は、国を治めるためには、まず家をととのえ、身を慎まなければならない。修身斉家治国平天下の道徳を説く。

第三は、自由平等こそ人類普遍の規範であることを主張し、日本の社会に門閥が強く残っており、無官のもの貧しいものが政治に参加し、世論をもって社会を改良することができないのは、数百年の慣習である。これを一掃できないのは、現在の識者の罪であると糾弾する。そして、この新聞の発行は、ひたすら「憂国愛民」の志から出たものであると訴える。★

★『日記I』前掲、四二八―三二ページ。

この「社説」が、はたして南方自身が書いたものかどうかは、断定はできない。しかし、創刊目的の共同宣言である以上、主筆としての南方がコミットした文章であることは間違いない。そうしてみると、第一の国権主義、第二の道徳主義、そして第三の自由・平等社会の実現、という三つの目的の間にくいちがいがありはしないか、ということが気にかかる。新井氏はこれを、ナショナリズムとインタナショナリズムの「混濁」と呼び、「民権から国権へと傾斜していく国内の一般的動向と同じ路線に位置づけてよいのか」と疑問を呈している。★

▼南方の、ナショナリズムとインタナショナリズム

★新井「『大日本』考」前掲、一二六ページ。

南方は、一八八七年九月、ランシング農学校にいたころ、杉村広太郎あて書簡で次のようにしたためている。

「顧みて日本現状を見れば、世の溷濁（こん）もまたはなはだし。……堂上の人万歳と呼んで、堂下また呼び、一国もまた万歳と呼ぶ。暴政何ぞ一に宋の康王の時に等しきや。故に、予はのちに日本の民たる意なし。しかれども、美にしてかつ情厚き君のごとき親友の存するあるをもってすれば、あに一念の故土に眷々たるものなからんや。」

日本国内の専制・暴政に対する批判は、「のちに日本の民たるの意なし」といいきることによって、はっきりしているように見える。しかし、「しかれども……」とつないで、『旅のころもはすずかけなれや、いつも露けき道ばかり』とやらかしやした」とむすぶのである。★ 「ナショナリズムとインタナショナリズム」との間の心の揺れは、南方熊楠の中で、後半生にもひきつがれていたと思う。たとえば、インドでは仏教の僧となり、イスラム圏では回教の導師となり、世界を漂泊する夢を抱きながら、後半生を和歌山県田辺に定住して、そこから一歩も出なかった。しかし、さいごに、神社合祀反対運動に打ちこむことによって、地域に執してこそ地球を守ることができるのだという信念に立つことができた。このようにしてナショナリズム対インタナショナリズムの葛藤を、南方熊楠は乗りこえたのだとわたしは思う。そのいみにおいても、在米時代の、海を渡った自由民権派との交友と協力は、神社合祀反対運動への地下水の流れと見なすことができるだろう。

★『全集』第七巻、前掲、七六ページ。

4　曲馬団とともに

▼**幼少期に立てた志**

南方は、すでに十六、七歳のころからアメリカの植物学者カーティスが、イギリスの植物学者パーレーに六〇〇〇種の菌類を送って調査を頼んだことを知って、では、自分は日本の菌類を七〇〇〇種採集して、この二人を凌いでやろうと志をたてた。★ さらに、アナーバにいた頃の日記には（一八八九年十月二十一日付）、「夜感有り、コンラード・ゲスネル★の伝を読む。吾れ欲(ねがわ)くは日本のゲスネルとならん。」と記されている。★ ゲスネルは、スイスの博物学者で、『植物大全』全三巻、『動物誌』全五巻をあらわした。いずれも自ら観察によって描いた写実的な動植物の図をのせている。

このころから南方は、シカゴの弁護士で、元陸軍大佐のW・M・カルキンズと文通するようになった。カルキンズがフロリダで地衣(こけ)類や菌類を採集していたことに触発されて、南方は、一八九一年四月、アナーバを出発して、フロリダ州にゆき、ジャクソンヴィルにしばらく滞在する。家からの送金が途絶えがちであった南方を助けたのは、中国人で、牛肉屋をしていた江聖総であった。南方は、江の家に寄寓した。「昼は少しく商売を手伝い、夜は顕微鏡を使って生物を研究す。その支那人おとなしき人にて、小生の学事を妨げざらんため毎夜不在となり、外泊し暁に帰り来たる。」と南方は江の配慮に対する感謝をあらわしている。★

★平野威馬雄『博物学者——南方熊楠の生涯』牧書房、一九四四年、六五ページ。

★ゲスネル Conrad von Gesner, 1516-65.

★『日記一』前掲、二二四ページ。

★「履歴書」前掲、九ページ。

▼フロリダから西インド諸島へ

西印度諸島ゆきを思いついたのは、同年八月である。和歌山県田辺の喜多幅武三郎あて書簡（一八九一年八月十三日夜付）で、つぎのようにその計画を打ち明けている。

小生ことこの度とほうとてつもなきを思い立ち、まず当フロリダ州から、スペイン領キュバ島およびメキシコ、またことによれば（一名、銭の都合で）ハイチ島、サン・

ドミンゴ共和国まで、旅行といえば、なにか武田信玄の子分にでもなって城塁などの見分にでも往くようだが、全く持病の疳積にて、日本の学者、口ばかり達者で足が動かぬを笑い、みずから突先して隠花植物を採索することに御座候て、顕微鏡二台、書籍若干、ピストル一挺提帯罷り在り、その他捕虫器械も備えおり候。虫類は三、四千、隠花植物は二千ばかり集める心組みにて、この辺はあまり欧米人の探索とどかぬ所ゆえ、多少の新発見もこれあるべしと存じ候★。

★『全集』第七巻、八八ページ。

『日記』によれば、南方が実際に出発したのは、八月十八日である。汽車でジャクソンヴィルからタンパ港にゆき、そこから船でフロリダの南端の島キー・ウェストに着く。ここで一ヶ月近く地衣類、海藻、菌類等を採集して後、船でキューバのハバナにゆく。

十月十四日付の日記には、キー・ウェストで採集したさぼてんの樹皮に附いていた地衣をカルキンズに送ったところ、カルキンズから、これを「新種と見做し、パリのニイランデル氏へ贈」ったと便りがあったことが記されている)★。後にこれは"Gualecta cubana"と命名された、とある★。出発前の喜多幅宛書簡で予期したように、はやくも新種の発見であった。

★『日記Ⅰ』前掲、二八四ページ。

★『全集』別巻二、二六一ページ。

▼ハバナでの出会い

ハバナでは、ふしぎなめぐりあいがあった。十月二十七日の日記には、つぎのように記されている。

朝川村駒次郎氏来訪。人物至て美なる人也。良(やや)久く話して去る。氏は曲馬師也、……

予の此家に在るを知り、旧里の人なつかしく尋ねられたりと也。（傍点鶴見）

それ以後毎日のように南方は川村を訪問している。ここでおもしろいと思うのは、南方が、相手の職業がなんであるかにかかわらず、その人物を見る眼が透徹していることである。初対面の時から川村の人物に惚れ込んだのである。川村が属していたのは、カリニというイタリア人の主宰する曲馬団であった。カリニは日本に興行にきたこともあって、一座の中には、川村の他に、象芸師の百済与一ほか、長谷川長次郎、豊岡新吉などがいた。南方は、川村との出会いが縁となって、カリニの曲馬団について、ハイチのポルトープランス、ヴェネズエラのカラカス、ヴァレンシア、ジャマイカ島等カリブ海沿岸地域を漂泊することになる。この地域は、当時はもちろんのこと、今でも日本人に馴染のうすいところである。「明治二十四年（一八九一年）、予その辺へ往った時、天晴（あっぱれ）自分がこの地方へ先着第一の日本人と思うたが、実は自分より先に日本人が四人ほどおった★」と後日書いているのは、これら曲馬団の日本人芸人のことである。

一八九一年十月末にハバナを出発して、翌年一月九日には、南方はフロリダのジャクソンヴィルに帰っている。わずか二ヶ月余りの旅であったが、南方の前半生を彩るわくわくするようなエピソードである。ところがこの時期の『日記』を見ると、その旅の日程や、日々のできごとや、カリブ海沿岸の情景などについては全く記されていない。そこには、採集した動物や隠花植物の種類と点数の明細と、来信と送信との記載ばかりである。かろうじて、この時期の珍妙な体験は、日本に帰ってから南方が書いた書簡や随筆の中に散見

◀川村駒次郎

★「新庄村合併について」、『全集』第六巻、一九八ページ。

▼キューバで植物採集に没頭

することができるのみである。

柳田国男宛書簡（一九一三年一月二十四日付）の中では、つぎのように記している。

明治二十四、五年ごろ、小生キュバ島その他にて落魄(らくはく)して曲馬師の窠中(かちゅう)に寄生せしことあり。小生は各国の語を早く解し、ちょっとちょっと埒(らち)の明きやすき男で、郷に入れば郷に従えとあきらめ、曲馬中の芸女のために多くの男より来る艶簡を読みやり、また返書をその女の思うままにかきやり、書いた跡(ママ)で講釈し聞かせ、大いに有難がられ、少々の銭を貰い、それで学問をつづけたること良久(やや)しかりし。★

★『全集』第八巻、三六三ページ。

▼人間関係づくりの名人

南方が、どんな職業の人々とも心を開いてつきあい、人間関係の網の目づくりに長けていたことは、この曲馬団の中での「文売り」の実績をみてもよくわかる。しかもこの曲馬団は、団長がイタリア人で、その中には四人の日本人芸人がおり、その他諸国語をしゃべるさまざまな異人種の混成部隊であったらしいから、まさに、庶民レベルでの異文化交流の場であったにちがいない。のちに和歌山県田辺に定住してから死に至るまでの交友範囲が、漁師、農民、芸者、大工、雑貨商、生花師匠、洋服屋、僧侶、新聞記者、教師その他まことに種々雑多な職業に及んでいたことと思いあわせると、一貫して流れている南方の名人芸であり、人間的魅力のなせるわざと思われる。そしてこの南方の素質は、のちにかれがたくさんのすぐれた著述をのこした、比較民俗学の基礎をなしたものと思う。このときに、南方が代書した「艶簡」が、ひとつでも、南方文庫にのこっていないものだろうか。

◀熊楠が購入したキューバの宝くじ（現在は南方邸書庫に保存）

この時の艶書は、かれが後日ロンドンで、生活の糧に書いた浮世絵や枕絵の英文の解題書きの稽古になったのではなかろうか。

南方は、『十二支考』の「鼠に関する民俗と信念」の中で、つぎのように、曲馬団での動物観察を記述している。

明治二十四、五年のあいだ、予、西インド諸島にあり、落魄して象芸師につき廻った。その時象が些細な蟹や鼠を見て、いたく不安を感ずるを睹た。そののち『五雑俎』に、象は鼠を畏る、とあるを読んだ。また『閑窓自語』を見るに、享保十四年、広南国より象を渡しし術を聞きしに、「この獣きわめて鼠をいむゆえに、舟の内に程を測り、箱のごときものを拵え鼠をいれ、上に網をはりおくに、象これをみて鼠を外へ出ださじと、四足にてかの箱の上をふたぐ。これに心を入るるゆえに、数日船中にたつとぞ。しからざれば、この獣水をもえたるゆえに、たちまち海を渡りて還るとなむ」とあり。★

南方は、西インド諸島漂泊について語るとき、必ず「落魄して……」という枕詞を使う。それほど逆境の自覚がつきまとったこの時期の冒険から、本命であった動植物の採集のほかに、民俗についても、動物に関しても、じつにおどろくほどに多くのことを観察し、学び、身につけ、そして、それらのことを、細部にわたって記憶の小篭笥にしまいこんで、後日その都度小出しにして使いこなしているのである。南方は、よく博覧強記の人といわ

★『全集』第一巻、五九三―四ページ。

れる。しかし、広く見て、強く憶えているだけでは役に立たない。それらの細々しい程に雑多なことがらを、見事にかんれんづけて引きよせる、壮大な磁場を、後日南方は自己の中に構築した。そのために、カリブ海の漂泊という異色のエピソードをも、後年かれの主要業績の文脈の中にとりこんで、それぞれ意味をもたせる結果になった。後にのべる「南方曼陀羅」が、その磁場であるとわたしは考えるのだが、そのためには、ロンドンでの研鑽が必要であった。

5 「学問と決死すべし」

▼父の死と学問への決意

◀熊楠の父、南方弥兵衛

一八九二年九月二十六日、ロンドンに到着した熊楠を待っていたのは、故郷の父の訃報であった。父自身は無学の人であったが、熊楠の才を見ぬいて、幼時から漢文の師匠につけ、また海外留学を援助してくれた。父が熊楠にかけた期待にこたえることを、南方は、「父の志をつぐ」といういい方で、しばしば述べている。父の死によって、家からの送金がとだえがちになったこと、「父の志をつぐ」意志を強くしたこととが、相乗されて、ロンドン時代の熊楠の学問修業の態度を厳しいものにした。一八九五年の日記には、つぎのような自戒のことばが連ねられている。

「大節倹の事」、「日夜一刻も勇気なくては成〔ら〕ぬものなり」、「大事を思立〔ち〕しもの

他にかまふ勿れ」、「厳禁喫烟」、そして最後に、「学問と決死すべし★」。

一日に「一食、一茶」という記載が、日記にしばしばあらわれる。極力生活費をきりつめて、乏しい資金から書籍を買うお金を捻出した。ただし、「飲むものだけは飲んで」いたらしいとは、一八九九年に熊楠の宿を尋ねた福本日南のことばである★。

一八九四年八月三十一日には、当時シカゴ駐在のロシア総領事で、昆虫学者で、民俗学にも関心を持った、オステン・サッケン男爵が南方の下宿を訪れた。南方は、この人のために、『聖書』の獅（しし）の尸骸（しがい）より蜂蜜を得たサムソンの話を研究し、ブンブン（雪隠虫の尾長きものが羽化せる虻（あぶ）で、きわめて蜜蜂に似たもの）を蜜蜂と間違えて、かかる俗信が生ぜし由を述べ」た。このことは、サッケン男爵が、「ハイデルベルヒで二度まで出校し」た、と南方は書いている★。その日の日記には、「バロン・オステン・サッケン氏来訪され、茶少しのみ、二十分斗りはなして帰る。」と記録されている★。しかし、「履歴書」には、「このサッケン男（当時六十三、四歳）小生の弊室を訪れし時茶を供えしが、あまりに室内のきたなさにその茶を飲まずにありし。」とある。数日後の日記には、「禁茶禁烟、大勉学す」とある★。客人の飲むにたえなかった一杯のお茶は、熊楠にとっては大いなる歓待のしるしだったのである。

★『日記Ⅰ』前掲、三六二ページ。

★「出て来た歟」、飯倉照平・長谷川興蔵編『南方熊楠百話』八坂書房、一九九一年、四四ページ。

★「履歴書」前掲、二一一ページ。

★『日記Ⅰ』前掲、三五〇ページ。

★『日記Ⅰ』前掲、三五一ページ。

▼学問修業の四つのすじ道

自ら課した貧窮生活の中で、あるいは、その貧窮生活が強い梃子（てこ）となって、おこなわれた「決死」の学問修業には、四つの大きなすじ道があった。第一は、イギリスの学術誌への投稿である。第二は、大英博物館での読書と写本である。第三は、外国人および日本人の間に、学問において、志において、数人の知己を得たことである。そして第四に、この時期に南方は、猛烈に外国語の自学自習にはげんだ。「夜八時より語学、それ迄は他の学問す」と日課をたてた★。ここでは、学術誌への投稿について述べることとしよう。

南方が、ロンドンにあって、非西欧人として他流試合をこころみた舞台は、二つあった。第一は、『ネイチャー』誌である。これは、一八六九年十一月四日に、マクミラン社から週刊誌として創刊された。創刊号の巻頭言を飾ったのは、自然科学者で進化論者のトマス・ハックスレー★であった。もう一つは、『ノーツ・エンド・クィアリーズ』誌である。副題に、「文学者、芸術家、古物研究家、系譜学者その他の相互交通のための媒体」と記されている。今のことばでいえば学際的な情報と意見の交換の場として、一八四九年十一月に、オックスフォード大学出版局から創刊された週刊誌である。現在は、副題を「読者と著者と蒐集家と司書のために」と改め、文学を主とした月刊誌として続いている。

南方は、『ネイチャー』には、一八九三年から一九〇〇年九月にロンドンを去るまでに二六篇、帰国後の一九一四年までを入れると、合計五〇篇の論文を発表した。『ノーツ・エンド・クィアリーズ』への寄稿は、一八九九年から始まってロンドン滞在中に一六篇、帰国後一九三三年まで、長短の文章あわせて、三二三篇に及ぶ。

『ネイチャー』の場合も、そして特に『ノーツ・エンド・クィアリーズ』の場合は、誰かが質問を出すとそれに答え、またその答えに反論するものがあらわれる、という問答形式で議論が展開する。南方は、十九世紀末のヴィクトリア女王朝最後の自然科学および人文・社会科学の輝かしい発展期に、ロンドンにあって、学問上の論争を挑むことによって、思索の方法を鍛えたのである。それは、異論との対決をとおして、多様な事物や考えの間の

★『日記1』前掲、三六二ページ。

▼**学術誌への投稿**

★ハックスレー　Thomas Henry Huxley, 1825-95. 動物学者。

◀『ネイチャー』誌

新奇な結びつきを発見するという、創造の方法であった。

ことの始まりは、一八九三年八月十七日である。その日の日記に、「本日のネーチュール〔『ネイチャー』〕にM. A. B.なる人、星宿構成のことに付五条の問を出す。予、其最後二条に答〔え〕んと起稿す。」と記している。★そして、八月三十日には、「ネーチュールへの答弁稿成。」と記す。★二週間たらずで、この最初の論文を書きあげ、十月五日にはこの処女論文「極東の星座」("The Constellations of the Far East")は『ネイチャー』誌上に発表された。「極東の星座」の原文は、『全集』★に収録されている。訳文については、津本陽の小説『巨人伝』(文藝春秋)の中のものがおそらく最初であろう。最近、松居竜五が『南方熊楠――一切智の夢』★で、より正確な訳文と、詳細で洞察力に富んだ分析をおこなっている。

この処女英文論文で南方が答えようとしたM. A. B.の質問五つのうち最後の二問とは、「4　現在、中国、ポリネシア、インド、アフリカ、アメリカなどの民族は、それぞれ固有の星座構成を用いているか。5　もしそれぞれの民族が固有の星座を用いているとするならば、それらを各民族の近親関係を判断するために使えないものか。」★である。南方はまず、中国の星座について分析的な解説をこころみる。中国では、天球が二八の「星宿」("Inns")に放射状に分割される。それぞれの星宿は、大きさが異なり、たくさんの「星座」("Seats")から成る。それぞれの星座には名前がつけられている。星宿とおなじ名でよばれるのが代表的な星座であって、その他の星座群はこれに従属する。星座は、単一の星である場合もあるが、多くは、二つから二〇、あるいは三〇の星から成っている。

中国の星座の命名にはなぞなぞめいた思想がある。「星とかけて、心と解く」(中国語で、

▼**「極東の星座」でデビュー**

★『日記一』前掲、三三二ページ。

★『日記一』前掲、三三三ページ。

★『全集』第一〇巻、二九―三三ページ。

★朝日選書、一九九一年、六五―九六ページ。

★松居、前掲、六六―七ページによる。

星＝Xing; 心＝Xin。いずれも音がシンであることにかけたのであろう）そのこころは、「星の体は地上で育ち、その心は天上で完成される」からである。このように、天界と人界との現象の間には、緊密な関係があると考えられたのである。

　星や星座の命名のモデルとして中国人が使った事物や属性を、南方は一五項目あげて、それぞれに例として、星座名をあげている。その一五項目とは、天体、気象、地形、地名、動物、農産物、身体の部分、人間の行為、家族関係、職業、建物、道具・家具、身分・官職、英雄、哲学的・神学的概念である。

　中国の星座の命名法をとおして、第一に、古代中国人の考え方を知ることができる。第二に、漢代（紀元前二〇〇年頃）の始めから数世紀を溯った時代の中国の社会制度を部分的に知ることができる。そして第三に、三〇〇以上の星座の名を丹念に調べたが、「海」のついた名称は、わずか二つしか見当たらなかった。このことは、中国文明が内陸から発生したことを裏づけるものだろう、と南方はまとめている。

　この前半に関しては、松居竜五は、「中国星座の持つ特質を西欧流の分析の俎上に乗せるその論理的な手際のよさ」を、評価している。しかし、後半の、インドの星座と中国の星座との比較にかんする部分については、インドの星座についての研究が不十分であり、誤りがあることを松居は指摘する。インドの星座については、『摩登迦経』、『大集経』、『宿曜経』の三つの系列の漢文仏典があるのに、南方が参照したのは、『大集経』だけであり、それも、段成式の『酉陽雑俎』からの孫引きである。こんな具合に中印比較を行ったのは「準備不足」ではないか、と評している。★

★松居、前掲、七九ページ。

南方は、中国とインドの星座命名法に類似性が認められるのは、中国人とインド人との親近性の証拠ではなく、中国とインドに交流があり、星座名のような実用的な知識は伝播しやすいことを示していると結論づけている。

「極東の星座」は、今にして指摘される「瑕瑾（かきん）」にもかかわらず、当時のロンドンにおいて、南方熊楠をして、「一朝にして眼醒むれば、早や有名となりにけり」（『チャイルド・ハロルド』出版後のバイロンのことば）の感慨を抱かせた。この処女論文発表の次号の『ネイチャー』（十月十二日号）には、「動物の保護色にかんする先駆的観察」（"Early Chinese Observation on Colour Adaptation"）が、そして翌一八九四年五月十日号には、「蜂にかんする東洋人の諸信」（"Some Oriental Beliefs about Bees and Wasps"）が発表され、その後矢つぎ早やに、『ネイチャー』および『ノーツ・エンド・クィアリーズ』に南方の名が登場することになる。前述のサッケン男爵が、南方の「馬小屋の二階」の宿を訪問したのも、「蜂にかんする東洋人の諸信」がとりもつ縁であった。

6 知の宝庫・大英博物館にて

▼大英博物館への導き

南方熊楠の生涯には、種々雑多な人物との出会いがある。そして、思いがけない人物がかれが望んでいた道を、かれのために開く。ハバナにしばし逗留していた熊楠を、曲馬師川村駒次郎が、突然訪れた。それが奇縁となって、南方がイタリア人の曲馬団とともに、カリブ海沿岸地域を、漂泊することになったいきさつはすでに述べた（本章第4節）。

ロンドンの大英博物館で、稀覯本もふくめて、自在に本を読む便宜を南方が手に入れたのは、足芸人美津田滝治郎との出会いがきっかけである。一八九三年七月、イギリス皇孫の結婚式の行列を、南方は正金銀行の窓から見物した。その折に知りあったのが美津田であった。「この人はかつて明治九年（一八七六年）ごろすでにその後小生が歴遊せし諸国を演芸して廻りしことありて、談が合うのでその家へおとずれしに、この人の知る片岡プリンスという者来たり会わす★」。本名は片岡政行というこの古物商は、「何とも知れぬ英語の名人」と南方は評した。片岡の紹介で、南方は大英博物館の古物学部長フランクス★と、その助手リード★と近付きになる。九月二十二日のことである。その前日に、南方は、『ネイチャー』に送った「極東の星座」のゲラ刷を受取っていた。フランクスは、午饗に南方を招いた。「大いなる銀器に鵝を全煮にしたるを出して前に据え、みずから庖丁してその肝をとり出し、小生を饗せられし、英国学士会員の耆宿にして諸大学の大博士号をいやが上に持ちたるこの七十近き老人が、生処も知れず、……何たる資金も学校席位も持たぬ……当時二十六歳の小生を、かくまで好遇されたるは全く異数のことで、今日始めて学問の尊きを知ると小生思い申し候★」、と南方は大感激した。この時フランクスは、「極東の星座」の英文を直してくれたのである。フランクスを通して、東洋図書部長ダグラス★とも知りあい、『大英博物館日本書籍目録』の作成にも助力するようになった。

首尾よく博物館入りを果した南方は、その後ほとんど毎日、昼間は大英博物館で写本に

◀美津田滝治郎

★「履歴書」前掲、一二ページ。

★フランクス　Augustus Wallaston Franks, 1826-97.

★リード　Sir Charles Hercules Read, 1857-1929. 後に考古学・人類学・宗教部長。

★同前、一四ページ。

★ダグラス　Robert Douglas, 1838-1913.

はげんだ。現在田辺市の南方家の書庫に残されている「ロンドン抜書」は、「履歴書」によれば、「中本大の五十三冊一万八百頁」と書いてある。しかし、これを南方家の書庫で調べた松居竜五によれば、現存するのは、五二冊である。その内容は、地誌・旅行記がその中心をなし、人類学、博物学、性愛学、百科事典類が主要部分を占めるという。

★同前、一五ページ。

★松居『南方熊楠――一切智の夢』一二四―一三三ページ。

▼驚くべき南方の語学力

南方は、一体何ヶ国語が読めたのだろうか「一七ヶ国語」、「一八ヶ国語」といわれているのは、神話のように思われる。南方自身は、一八九三年十二月と推定されている土宜(とき)法竜(ほうりゅう)(後述)あて書簡で、「小生は西、仏、英、ラテン等はちょっとでき申候が、何分、原本を原語でよまねば不自由ゆえ、只今は斎戒して、恵賜の袈裟をかけ、回徒の冠を服し、カソリックの章をつけて……もっぱら内外典および原文(ギリシア)の『バイブル』をよみおり、来春よりはヘブリューを独学し、またアラビア、ペルシア、トルコおよびインド諸語を観るつもりに候。」と記している。これだけから見れば、一八九三年現在では実際によめたのは、四ヶ国語に限られてしまう。わたしが南方家で拝見した「抜書」のノートは、英語のほかに、イタリー語があったと記憶する。また、南方が、その論文(和文英文をふくめて)に引用している文献をひろってみると、英、漢、独、仏、伊、ラテン、ギリシャ、スペイン等八ヶ国語をあげることができる。漢語については、漢文よみだけでなく、すくなくとも、中音ができたことは、その論文の中に示されている。そのほかに、これから学習する予定の中に組みこまれているのは、ヘブライ、アラビア、ペルシア、トルコ、インド諸語、である。サンスクリットについては、英梵辞典を購入したという記載が日記にある。こうしてみると、実際に読みこなしたのは、一〇ヶ国語に達しないのかもしれない。それ

★『南方熊楠　土宜法竜　往復書簡』八坂書房、一九九〇年、一五―一六ページ。

[抜書目 772 n. 13]

April 12日 晴 [illegible] Voyage dans l'Inde par Victor Jacquemont pendant les années 1828 à 1832. Paris. fol. 1841. tom. III. [illegible]二十三ノ[illegible], Étang sacré d'Amritsir 四[illegible] allusion [illegible] légende [illegible] (p. 63) Rumjeet 王 Rundjit Sing. L'idée de la mort l'épouvante, et jamais on n'ose prononcer le nom en sa présence. Quand on ne peut lui laisser ignorer plus longtemps (p. 72) celle d'un homme qu'il connaissait beaucoup, surtout la mort de l'un des compagnons de sa jeunesse, on dit qu'il est parti. Le Radjah comprend ce que cela veut dire, fait une grimace, et jamais ne fait allusion à la circonstance.

王 [illegible] … Il était vert et qu'il ait encore avec sa barbe blanche un grand nombre de catamites, il n'y a rien là de choquant en ce pays; mais indépendamment de ses femmes et de ses mignons, il a toujours vécu publiquement avec les filles publiques. Il est leur protecteur, leur patron. Dans les cérémonies les plus brillantes, il y en a plusieurs centaines à Lahore et à Amritsir, qu'il fait habiller ridiculement en Amazones, qu'il fait monter à cheval, et dont il se fait suivre; ce sont ses gardes du corps dans les jours de pompe. Habituellement il va dans son camp

「ロンドン抜書」の中の一頁。八年間のロンドン滞在中、熊楠は大英博物館に日夜通いつめ、二五〇頁程のノート五二冊を、英語・フランス語・イタリア語・スペイン語・ラテン語などの文献からの抜き書きで埋め尽くした。この「ロンドン抜書」は、熊楠のその後の論文における引用の糧となった。（右の写真は、「ロンドン抜書」第二十四巻の表頁の目次にあたる。）

にしても、驚くべき語学力である。南方は、大英博物館で、これら諸国語の文献を読み、書き写すと同時に、『ネイチャー』と『ノーツ・エンド・クィアリーズ』に、つぎつぎと長短の論文を書きついだ。処女作の「極東の星座」には、ほとんど註がつけられていない。しかしその後に書かれた論文には、次第に参照される文献の数も多くなってゆくのは、明らかに博物館での文献の渉猟と論文の作成とが連動していることを物語っている。

▼知識の吸収と論争で鍛える

ロンドン在住時代の南方の学習方法の特徴は、一方では知の宝庫大英博物館で、古今東西南北の知識を吸収蓄積することと、他方で、これを駆使して、対話ないし論争を挑むことによって、自分の思考力を鍛えることとを、同時に併行しておこなったことである。

第一に論争の方法を身につけるために役に立ったであろうことは、他者の論争している場に立ち合うことであった。それには当時のロンドンは恰好の場所であった。南方は、大英博物館のかえり途に、ハイド・パークを通って、弁士が石鹸箱の上に立って演説しているのを、しばしば立ち止まって、真夜中まできき入った。とりわけ、キリスト教と無神論との論争がつづいたのを、熱心にきいている。時には、インド人やロシア人の弁士が、自国の窮状を訴えるのに耳をかたむけた。たとえば、一八九八年五月二十一日の日記にはつぎのように記す。「帰途ハイド.パークにて演舌きく。ロシア人演舌、国状を述べ泣くに至る。又別に耶蘇教演舌を無神論者打ち争闘。又大酩酊のもの唄ひおどけ演舌。巡査来り去しむ。帰れば十二時半。」[★]。また弁士の名前の記されているのを見ると、同一人物が論争を継続し、「やり込め」たり、やり込められたりしている側で、他の一組が「合戦」していたり、というありさまを、南方はおもしろがって観戦した。南方は有名な演説嫌いで、英語

★『日記＝(1897-1904)』八坂書房、一九八七年、五九ページ。

では無論のこと、日本語でも壇上から弁舌をふるうことはなかった。しかし、ハイド・パークの辻説法から学んだ弁論術は、論文や手紙に生かされたのではなかろうか。

第二に、南方が『ネイチャー』および『ノーツ・エンド・クィアリーズ』に投稿した英文論文は、リレー式集団討論の形で、展開されたものが多い。たとえば、「神跡考」("Footprints of Gods")は、一八九九年十月十四日号の『ノーツ・エンド・クィアリーズ』に載った「巡礼または参拝の記録としての足跡」という「覚書」(F・W・グリーンによる)に触発されて、南方が、一九〇〇年九月一日号からあわせて五篇の「覚書」を書き、その間、数名のイギリス人が討論に参加して、一九〇四年七月二十三日号まで、足掛け五年にわたる論戦が展開されたものである。南方の「覚書」は、南方が邦訳して柳田あてに送った外は、日本文では、「ダイダラホウシの足跡」(『東洋学芸雑誌』一九〇八年四月号)という比較的短い論文として発表された。

★『全集』第八巻、一〇五―二〇ページ。
★『全集』第三巻、九―一二ページ。

第三は、手紙である。南方は、論文を書くのと同等の、あるいは、それ以上の心血を注いで手紙を書いた。とくに、学問上、思想上の知己であった土宜法竜(ときほうりゅう)あての書簡では、論文としては発表していない、南方の学問の理論的な骨格がしだいに形成される過程を如実に示している。後日南方は、柳田国男あて書簡(一九一一年六月二十五日付)で、つぎのように語った。

▼膨大な手紙の執筆

★土宜法竜　一八五四―一九二三年、京都栂尾高山寺住職、のちに高野派管長となる。真言宗聯合総裁、高野山大学総理などを兼任した当時最高の学僧。

とにかく世間に知らるるを期して書く文書には、深きことは書きおおせられぬものに候。小生は件の土宜師への状を認むるためには、一状に昼夜兼ねて眠りを省き二週

間もかかりしことあり。何を書いたか今は覚えねど、これがために自分の学問、灼然と上進せしを記憶しおり候。★

★『柳田国男　南方熊楠　往復書簡集』五四ページ。

土宜法竜との書簡の内容は、何回かに分けて、節をおって吟味したい。ここでは、南方が、手紙を、もっともよき対話と論争との手段として自在に駆使したことを指摘しておきたい。

ロンドン時代のもっとも激烈な論争としての書簡は、南方と、オランダの東洋学者グスタフ・シュレーゲル★との間に、一八九七年一月から三月にかけてとりかわされたものである。このことについて、これまで知られていなかった新資料を発掘して、詳細に追究したのが、松居竜五の「落斯馬（ロスマ）論争★」である。シュレーゲルが、オランダの東洋学術誌『通報』(T'oung-bao) に、「落斯馬」は「イツカク」のことだろうと書いた記事を見て、南方が、それはノルウェー語の Ros Mar からの中国語音訳であって、海馬（セイウチ）のことだと思うという手紙をシュレーゲルに送る。烈しいやりとりの揚句、南方は、つぎつぎと文献による証拠をつきつけて、完勝してしまうのである。往復書簡が、いかに学問上の追求に役立つかを、すぐれて劇的に示したのが、松居が再現してみせた「落斯馬論争」のシナリオであった。

★シュレーゲル　Gustav Schlegel, 1840-1903.

★『南方熊楠――一切智の夢』一三五―一六四ページ。

Dear Sir,

As you have proved by your last letter that it was Ferdinand Verbiest who introduced the term Lohszema, I think the question is quite settled now, and I am fully convinced he meant the morse by it.

As soon as you are better I hope you will give me a note about the subject for publication in the T'oung-pao.

Yours faithfully

G. Schlegel

◀シュレーゲルが南方に送った葉書。南方との「落斯馬論争」に全面的に降参する旨が記されている。(一八九七年三月四日付)

7　漂泊の志と挫折

▼漂泊の志

南方熊楠は、一八八六年十二月アメリカへ出発し、アメリカに足掛け六年滞在した。アメリカ滞在の終りには、二ヶ月間カリブ海沿岸を旅した。そして、一八九二年から一九〇〇年までまる八年間ロンドンで勉強した。二十歳から三十四歳まで、一四年間の海外生活であった。日本に帰ってからは、那智隠栖をへて、田辺に定住し、一歩も海外へは出ていない。東京等への短い旅以外は、和歌山県外に出ることもめったになかった。前半生を漂泊に送り、後半生は定住に過した。しかし、漂泊への志だけは、生涯渝ることがなかった。漂泊と定住との葛藤が、熊楠の比較の学の原動力ではなかったろうか。

漂泊の志が、もっとも具体的な計画の形をとったのは、ロンドン在住時代である。一八九三年土宜法竜（前節参照）は、真言宗の代表として、シカゴの万国宗教大会に出席した。その途次十月にロンドンに立寄った。熊楠は法竜を大英博物館に案内し、古物学部長フランクスに紹介する。わずか五日間の出会いであったが、熊楠は連日法竜を訪問し議論し、お互いにすっかり気に入ってしまった。その後法竜はパリのギネー博物館で、「仏教関係資料の調査・研究」をする。一八九三年十一月から、法竜が帰国する一八九四年三月末までの間に、熊楠から法竜あてに一〇通、法竜から熊楠あてに二三通の書簡が残されている。数からいえば法竜書簡の方が多い。しかし、熊楠の書簡はそれぞれが長文であって、総量においては法竜来信をしのいでいる。熊楠が漂泊の志を打ち明けたのは、最初の書簡である。

熊楠はこの上幾年海外に流浪するもわからぬ。只今アラビヤ語を学びおれり。必ず近年に、ペルシアよりインドへ遊ぶなり。ただし熊楠はたぶん海外にて命終すべし。ついてはかねて願いし通り、小生の書籍は貴師に始末方を希(ねが)わんとす。★

★推定十一月十四日以後。『南方熊楠　土宜法竜　往復書簡』前掲、六ページ。

▼チベットへの想い

さらに、次の書簡（推定十二月中）で、はじめて、チベットゆきのことがでてくる。

小生はたぶん今一両年語学（ユダヤ、ペルシア、トルコ、インド諸語、チベット等）にせいを入れ、当地にて日本人を除き他の各国人より醵金し、パレスタインの耶蘇廟およびメッカのマホメット廟にまいり、それよりペルシアに入り、それより舟にてインドに渡り、カシュミール辺にて大乗のことを探り、チベットに往くつもりに候。たぶんかの地にて僧となると存じ候。回々教国にては回々教僧となり、インドにては梵教僧となるつもりに候。……インドよりチベットへ行く途ははなはだ難き由申せども、私考にはなんでもなきことと存じ候。……仁者もしチベットに行かんと思わば、仁者一人にては、小生肯(あ)えて承らず、外に証人として幾人かつれ行くべし。……通弁は小生なすべし。……全体チベットには瑜伽〔ヨガの音写〕の法術の大学校二つとかありて、はなはだ西洋人に分らぬこと多き由。拙はその大学校に入り、いかなる苦行してもこれを探らんとするなり。……兼ねてチベット現存の経典理書、律蔵およびその史書を

取り来んと思う。★

★同前、一九―二〇ページ。

これに対する土宜の答はつぎのようである。

小生チベット等への旅行の企てにつき、貴下の真意謹諾す。ただし死生は天命に任す。……小生の今日にして一番の希望はチベットなり。日本の大乗仏教に対し、ことに瑜伽道に対しては、ぜひチベット仏教を学び畢（おわ）らずんば、断然なる改革の着手は作（な）らざるなり。

貴下よ、希わくはチベットへ行くの順路を鳥渡（ちょっと）知らしたまえ。★

★同前、二八ページ。

これに対して熊楠は、「チベット行きはなんでもなきことなり、年々蒙古地方より幾千の順礼が往くなり。故に、むりに雪山（せっせん）越えずとも支那より往かばよし……僧衣を着てゆけば、何のことあらんや。」と応じている。★

★同前、八〇ページ。

▼原点志向がチベットへ誘う

なぜ土宜法竜と南方熊楠とはこのように夢中になってチベット行を計画したのだろうか。南方はいう、「……禅定という語も、瑜伽の語も、むかしよりありて、釈迦もこれをやるなれば、大乗は釈迦以前よりありしなり。……インドにはかかる教（梵教、囲陀（ヴィーダ）教、禅理、密教等）いろいろありしなり。しかして禅、密教を釈迦が総合して、大乗の観を成し、同時に時世に合わせて、俗人のために分りやすき道義談で小乗を述べたるなり。……仏教を釈迦が無中より作り出だせりとすれば、大ほらなるべきが、古来の伝を統合一大成せりといわば、実によく分かることなり。★」

当時西欧の学者の間に流行していた「大乗非仏論」に、法竜も熊楠も反対であった。チベット仏教を探ることによって、その反論の確実な証拠としたいと考えた。それがチベット行の一つの目的であった。★

法竜と熊楠をチベットへ駆り立てたのは、原点にかえって、根底から考えなおすという、ラディカルな原点志向であった。もともと日本仏教は、中国から朝鮮をへて伝来した。日本の経典は、すべて漢訳経典である。原典を得ようとすれば、チベット語の「現存の経典理書、律蔵およびその史書」を手に入れなければならない。法竜と熊楠とのチベット行は、結局は実現しなかったのだが、その数年後の一九〇一年には、河口慧海★が、日本人として初めてチベット入りを果した。かれもまた、経典の原典をもとめたのである。そして『西蔵旅行記』一二巻を刊行した。

河口慧海よりもすこし早く、チベット入りを試みたのは、島根県金城町渡佐村の浄土真宗の寺の住職の次男、能見寛★である。かれもまた、仏教の原典を求めて、チベット探検を企てた。能見が故郷を出発したのは一八九八年末であった。かれは中国からチベットに入る道を探った。再度失敗したのち、一九〇一年四月十八日、大理府（雲南省？）から、チベット国境に向けて、単身出発したきり、杳として消息を絶った。（能見寛について、わたしがはじめて知ったのは、「非運のチベット探検家　能見寛」NHK松江、一九八三年二月二十三日放送、一九八四年「地方の時代映像祭」参加作品による。印象深く、心に残った。今後調べてみたい。）

熊楠は中国ルートを、法竜はインド・ルートを経由して、チベット入りを提案している。

★同前、一四五、一四七ページ。

★中沢新一「書簡による南方学の創生」同前、四三八―四二ページ参照。

★河口慧海　一八六六―一九四五年。

★能見寛　一八六八―一九〇一？年。

河口慧海はインド・ルートで成功し、能見寛は中国ルートで行方不明となった。いずれにしても、熊楠と法竜との計画は、能見よりも、河口よりも数年はやい。もし二人の計画が実現していたら、熊楠と法竜は、能見寛の運命を辿ったかもしれない。もし河口慧海のように生還したならば、どうであっただろうか。中沢新一によれば、土宜法竜の書いた『秘密教の研究』は、当時としては驚くほど正確なチベット仏教史の理解をしめしている」。これに対して、河口慧海は、チベット仏教改革派の黄帽派を支持し、紅帽派の古派密教にたいして、「ぬきがたい偏見をもっていた」。したがって、「もしも土宜法竜のような知性をもった人が、望みどおりチベットの仏教世界へたどりつくことができていたら、日本の仏教学の流れも、大きくかわったことだろう」、と評している★。

★中沢、前掲、三八ページ。

では、法竜と熊楠とのチベット行は、なぜ実現しなかったのだろうか。法竜は当時すでに高野山学林長の要職にあった。かれはさいごに高野山派管長になるまでに、さまざまの宗教行政の任務に繁忙を極めたであろうことは容易に推察できる。他方、自由人の熊楠にも、さまざまな事情があった。一八九七年、大英博物館内で、殴打事件をおこし、ついで一八九八年女性の高声を制止させようとしていさかいを起して、ついに博物館を追放されるという羽目になった。この事件と熊楠の「陳情書」については、松居竜五『南方熊楠――一切智の夢』(前掲)に詳しい。その後、熊楠は、ナチュラル・ヒストリー館と、南ケンシントン美術館で勉強をつづけるが、大英博物館からの追放は、大きな打撃であった。このころ、ロンドン大学事務局長F・V・ディキンズ★が、ケンブリッジ大学に日本学講座を設けて、熊楠を助教授に任じることをもくろんでいた。熊楠もそれを心あてにしていたよう

★ディキンズ Frederick Victor Dickins, 1838-1915.

だが、これもまた、第二次ボーア戦争の勃発（一八九九―一九〇二年）のために、立ち消えとなった。★すでに弟常楠からの送金は途絶え、生活の見通しも立たず、やむなく熊楠は、一九〇〇年秋、帰国せざるをえなかった。

★「履歴書」前掲、二四ページ。

▼漂泊と定住との葛藤

このようにして、漂泊の計画は挫折した。しかし、熊楠はその志を、田辺定住以後も持続しつづけた。一九一六年、現存のものでは最後となった法竜あて書簡で、熊楠はその胸中を語っている。

> 小生は一生海外に留まり得ざりしを今に大遺憾に存じ候。……これら〔多年蔵蓄の書籍什物標本〕しらべおわり売却して子供の資金ができ候わば、小生は日本を遯世（とんせい）致し外国にゆき流浪して死ぬつもりに御座候。小生自由独行の念深く、またことに本邦の官吏とか博士とか学士とかいう名号つけたるものをはなはだ好まず、日本にありては埋もれおわるか自暴自棄のほかに途なく候。★

★『南方熊楠　土宜法竜　往復書簡』前掲、四〇八ページ。

この後半生の放浪計画を決定的に阻んだのは、長男熊弥の発病（一九二五年三月）である。以後熊楠は、死ぬまで熊弥に対する責任を身に引き受けた。それは熊楠にとって不幸なできごとであった。しかし、そのおかげで、熊楠は、田辺という当時の世界の僻地にあって、地球上あらゆる地域の思考と風俗とを、臨場感をもって、自在に描き、比較し照合することができたのではないか。地球的規模の比較学は、熊楠の漂泊への志の深さと、定住への絆の強さとの、葛藤の所産であったように思われる。

8 那智隠栖

▼那智での学問の醸成

ロンドンから帰った熊楠を迎えた和歌山の実家では、弟常楠が父の跡を継いで、酒造業を営んでいた。常楠夫妻は、一四年間も海外にあって、学位ひとつとらず、無位無官で帰国した熊楠を、厄介もの扱いにした。そして、酒屋の支店のある勝浦へ、熊楠を、島流し同然に追いやった。そのとき熊楠はすこしも慌てず、その逆境を逆手（さかて）にとって、かれ独自の学問醸成の好機とした。

一九〇一年十月、熊楠は、和歌山から船で勝浦にゆき、しばらくそこに逗留した。翌年一月には、那智山の登山口に位置する市野々の大阪屋に宿を移した。ここに、一九〇四年十月まで滞在する。アメリカ及びカリブ海での見聞と、イギリスでの知の集積とを、那智において、自己の内部で発酵させ、東洋の智と、西欧の知とを、自己の中で格闘させることによって、新しい方法論を創り出した。それをわたしは、「南方曼陀羅」と呼んでいる。[★] 南方曼陀羅の発祥の地は那智山であり、その契機は隠栖である。そのいみで、熊楠は、島流しの逆境を、創造への道として逆転回させたのである。

★『鶴見和子曼荼羅Ⅴ』二四七―五三ページ参照。

学問の方法論としての南方曼陀羅は、那智から京都の土宜法竜宛書簡（とくに、一九〇三年九月十八日付のもの[★]）の中で展開されている。このことについては、次節に詳論したい。ここ

★『南方熊楠　土宜法竜　往復書簡』前掲、二八一―三二六ページ。

那智時代の熊楠の常宿「大阪屋」。

植物採集行に赴く熊楠。（明治35年10月9日、田辺にて）

ではまず、南方曼陀羅がそこから醸し出された、那智での熊楠の日課につき、『南方熊楠日記Ⅱ（1897-1904）』★にもとづいて、描いてみたい。

★前掲、二三五―四七四ページ。

▼自由人の「自律」の時間

　わたしたちの日常生活には、他律の時間と、自律の時間と、そして無律の時間がある。組織人にとって、もっとも大切で、そして人生の大部分を占めるのは、他律の時間である。休日さえも組織の仕事にしばられて、ただぼうっとしている無律の時間さえも失われがちである。これに反して、自由人は、他律の時間が極度にすくない。そのかわりに、なんらかの仕事をしようと思えば、自分で自分の時間割を作って、それを自分で実行する癖をつけなければならない。

　熊楠は、アメリカでも、ロンドンでも、自由人であった。他律の時間にしばられることはなかった。しかし、すくなくともロンドンでは、大英博物館通いを日課としていた。ところが那智の二年間は、他律の時間枠が全く外れてしまったのである。毎日ぼんやりと、無為にすごすこともできたのである。ところが熊楠は、この時期に、もっとも厳しく、自己に日課を課し、それを実行するように、自己を鍛練した。そして、この時の生活と学問のリズムを、生涯持続しつづけたのである。

▼原生林での採集を日課に

　昼間は、那智の原生林に菌類、藻類その他さまざまな植物を採集した。とくに力を入れたのは粘菌である。田辺では、人夫を連れて採集に歩くこともあったが、那智ではひとり歩きであった。一九〇四年三月二十九日の日記は、生命がけの採集行をつぎのように記している。

正午後より向山に登り、三ノ滝より進み向山つゞき北嶺に上り、それより直下して向山の後の東脇を下る。此とき四時過頃也。始めは草葉木葉深き密林なりしが、一所にて北に水の音をきく。行見るに谿流也。それより此流にそひ下るに、だん〳〵昏くなり、月明かに東の丸石山頭に出、道おひ〳〵細くなり、六七丈も深かるべき絶壁のへりをつたひゆく。下は瀑布也。然るに此径極り、樹幹三四五寸径のもの数本ならべ渡せり。ふみは(ママ)づせば幾丈とも知れぬ淵に落る也。……此所にて全く夜となる。それより下れば又小滝あり、径極まり大岩壁となり、何とも考つかず。又取て返し、流の上の峰如き所にてすりび〔擦火〕一箱おとす。又下にゆき胴乱を道の右におき、終夜そこに居んと思ふ。又気を取りなほし、胴乱をおき、右の岩壁の上の樹幹をつかみ下るに、道あるを認む。因て帰り右の胴乱をとり下るに右の流おひ〳〵小さくなり、終には埒(らち)もなき小流分岐して岩間をつたふものとなる。終に陰陽の滝の道に下る。それより徐歩して帰れば八時頃也。……此日負傷せず又マッチ一箱の外何も落さず、那智佐藤と彫せる水象牙薬籠付烟草入一つ右の急流始まりかゝる処にて拾ふ。かゝる嶮危の所に、所々地を平にし炭やきしあと石垣あり。

此日、赤蛙つるむ所及卵、菌数種、ミヤマシキミ?、ネコノメ草二種。★

★『南方熊楠日記II』四一九―二〇ページ。

このような冒険をしながら、同時に細心の注意と集中力とをもって、動植物を採集しているだけではない。このように危険な場処で炭焼がおこなわれている民俗をも同時に集録しているのである。微生物学と民俗学との、南方における接点を示す、フィールド・ノートの好例である。名入りの煙草入れをも、赤蛙や菌類といっしょに、胴乱の中に入れて持ちかえったところがおもしろい。炭焼きを、ただ抽象名詞としてでなく、名前のあるひとりの人間としてうかびあがらせている。

　このようにして、日々難行苦行して蒐めた植物を、宿に帰って整理、分類し、写生し、その種類と数とを、刻明に記載している。那智を去る直前の、一九〇四年九月三十日には、「顕花植物及羊歯類六百八十二種。本日迄所獲熊野菌／袋入　千六十五／箱入　四／画添四百六十四／新セリース　六／変形菌（粘菌）　四十八／〆帰国より　二千五百卅三。」と記す。あわせて、翌十月一日には、「本日迄所得藻八百五十二」を数えている。

　これだけでも大仕事と思われるが、熊楠の日課はこれだけでは終らない。採集行の間をぬって、『方丈記』を英訳し、後に『王立アジア協会雑誌』に、ディキンズとの共訳として掲載した。熊楠はこれに鴨長明伝を序文として書いている。鴨長明を、熊楠は、「十二世紀の日本のソロー」と呼んだ。ソロー★は『ウォルデン・ポンド』を書いた、十九世紀のアメリカのニュー・イングランドの哲人思想家である。わたしは、南方熊楠を、二十世紀の日本のソローとよびたい★。

　さらに、熊楠は、ロンドン時代から始めた、『ネイチャー』および『ノーツ・エンド・クイアリーズ』両誌への英文論文の寄稿を、継続している。とくに、「燕石考」、「神跡考」、「猫一疋で巨富を得し人の話」等、南方論文の中の傑作と思われるものは、この時期に書かれた。この時期の英文論文はすべて、最後に、"Mount Nachi, Kii Japan"（日本　紀伊　那智山にて）と記されている。当時の辺境の地那智山から、当時の文明の中心地と目されたロンド

★ソロー　Henry David Thoreau, 1817-62.

★『鶴見和子曼荼羅Ⅴ』三七七—八〇ページ。

▼世界の辺境から論文を寄稿

ンへむかって、独創的な見解と知識とを、発信しているのだという、熊楠の気概を感じとることができる。

▼読書の取り合せの妙

夜の時間は、主に読書にあてられた。そこでおどろくのは、取り合せの妙である。たとえば、一九〇三年一月は、『プルターク英雄伝』とルソーの『懺悔録』と『栄華物語』。三月には、プルタークと『源氏物語』とベーンの『論理学』。一九〇四年二月には、マイヤーズの『ヒューマン・パースナリティ』、ド・モルガンの『形式論理学』、クラウストンの『民話と小説』、グベルナチスの『植物志怪』等を併せ読む。文献の幅は、古今東西の自然科学と人文科学にあい渉っている。

▼内外との往復書簡の継続

もう一つ大事な仕事は、内外の知人友人との往復書簡である。外国人では、ディキンズ、そして日本人では、とくに土宜法竜あての書簡には、心血を注いだ。

以上、動植物の採集、英文著述および翻訳、古今東西の書物の読書、および手紙書きは、熊楠が自らに課した、自律の時間における日課であった。これに対して、無律の時間に熊楠の心象風景にあらわれたものがある。

> かくて小生那智山にあり、さびしき限りの生活をなし、昼は動植物を観察し図記して、夜は心理学を研究す。さびしき限りの処ゆえいろいろの精神変態を自分に生ずるゆえ、自然、変態心理の研究に立ち入れり。幽霊と幻(まぼろし)（うつつ）の区別を識(し)りしごとき、このときのことなり。
>
> 幽霊が現わるるときは、見るものの身体の位置の如何に関せず、地平に垂直にあら

われ申し候。しかるに、うつつは見るものの顔面に並行してあらわれ候。

この他発見せしこと多し。ナギランというものなどは（またstephanospharaと申す、欧州にて稀にアルプスの絶頂の岩窪の水に生ずる微生物など、とても那智ごとき低き山になきものも）幽霊があらわれて知らせしままに、その所に行きてたちまち見出し申し候。★

★「履歴書」前掲、三一ページ。

このほかにも、夢の中のおつげで、こういうところに紅い藻があるという啓示をえて、翌日そこへいってみたら見つかった。そのことによって特定の藻類の分布について、定説をくつがえす発見をした、などという例を熊楠はあげている。これらの事例は、新しい考えや、事物の発見には、無律の時間にひらめく内念（endo-cept）が、貴重な発端になることを示している。

▼創造は異質なものの結合から

熊楠が、那智隠栖期に創った暮らしと仕事とのリズムは、異質なものの結びつきによって特徴づけられる。粘菌学と民俗学、植物採集と心理学、自然・人文・社会にかんする古今東西南北の文献の渉猟、そして、自律の時間と無律の時間との組み合せなど、種々雑多なものへの好奇心を、自己の学問的関心にひきつけて、統合することに成功している。異質なものを結び合せて、これまでになかった新しい考えや価値や技などをつくり出すのに成功することを、わたしは創造性と定義した（本章第1節）。那智山中の熊楠の暮らしと仕事のリズムは、そのいみで、すぐれて創造的であった。南方曼陀羅のモデルは、このような暮らしのリズムと響きあって生み出されたものである。

9 南方曼陀羅

▼「曼陀羅」モデルの発見

一九〇三年七月十八日の南方の日記には、「土宜法竜師へ長文の状認む。半紙に二十枚、暁近く出来る。」とある。十九日には、「朝一寸睡る。それより牛乳配達人勝浦へ之くをまち、ヂキンス氏行義経記一封、ノーツ・エンド・キーリース（燕石考、Japanese Monkeys; God of Ant-Pass）封状投書一通渡し、更に土宜師への状かきつゞく。総て半紙に二十三枚（十三匁少しあまる）。午後五時投函。」と記す★。昼夜兼行で書かれたこの手紙の中に、下図が描かれているのである★。

一九七七年十一月二十六日、マーティン・コルカット教授夫妻と、中村元博士を、わたしの家にお招きした。そのとき、わたしは『南方熊楠――地球志向の比較学』を書いていたので、ちょうどいい機会だと思って、この絵図をお見せした。中村博士は、たちどころに、「これは、南方曼陀羅でございますね」といわれた。「南方曼陀羅」は、中村元博士の命名である。これは啓示であった。この絵図を、南方曼陀羅と読み解くことによって、南方の思想の骨組がわかるように思うからである。

もともと真言曼陀羅は、大日如来を中心として、諸仏、諸菩薩、ヒンズー教の神々など含めて配置した図式として示し、宇宙の真実を、自己の哲学をもって表現するものであっ

★『日記II』三六二ページ。

★『南方熊楠 土宜法竜 往復書簡』三〇八ページ。『南方熊楠全集』第七巻、三六五ページ。

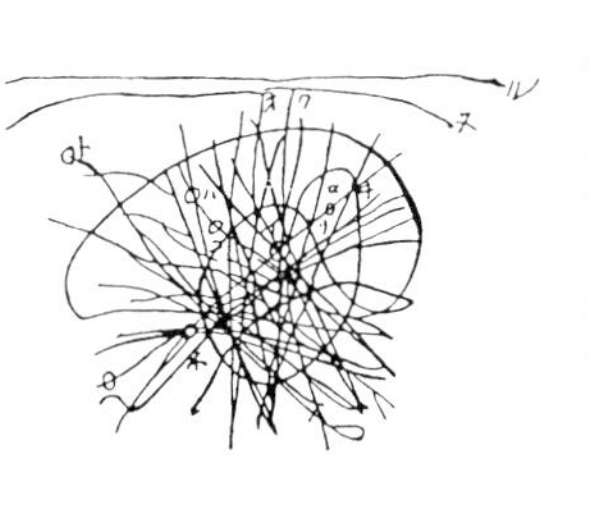

た。南方はこれを科学方法論のモデルに読み替えたのである。そうすることによって、かれは次のことを示そうとした。

第一は、知の体系と発見のすじ道についてである。

一八九三年十二月二十一日に南方がロンドンにいたころ、パリの土宜宛に書き送った書簡に、下図のような絵図がある。★「今の学者（科学者および欧州の哲学者の一大部分）、ただ箇々のこの心この物について論究するばかりなり。小生は何とぞ心と物とがまじわりて生ずる事（人界の現象と見て可なり）によりて究め、心界と物界とはいかにして相異に、いかにして相同じきところあるかを知りたきなり。」と書いている。それより一〇年後、那智において、「事の学」は、よりあきらかな形をとる（前ページ下段の図を参照）。

ここに一言す。不思議ということあり。事不思議あり。物不思議あり。心不思議あり。理不思議あり。大日如来の大不思議あり。予は、今日の科学は物不思議をばあらかた片づけ、その順序だけざっと立てならべ得たることと思う。……

これらの諸不思議は、不思議と称するものの、大いに大日如来の大不思議と異にして、法則だに立たんには、必ず人智にて知りうるものと思考す。……この世間宇宙は、天は理なりといえるごとく（理はすじみち）、図のごとく……前後左右上下、いずれの方よりも事理が透徹して、この宇宙を成す。その数無尽なり。故にどこ一つとりても、それを敷衍追究するときは、いかなることをも見出だし、いかなることをもなしうるようになっておる。

▼発見のすじ道として

★『南方熊楠　土宜法竜　往復書簡』四六ページ。

その捗(はか)りに難易あるは、図中(イ)のごときは、諸事理の萃点ゆえ、それをとると、いろいろの理を見だすに易くしてはやい。……すなわち図中の、あるいは遠く近き一切の理が、心、物、事、理の不思議にして、それの理を(動かすことはならぬが)道筋を追蹤しえたるだけが、理由(実は現像(げんしょう)の総概括)となりおるなり。

……さてすべて画にあらわれし外に何があるか、それこそ、大日、本体の大不思議なり。★(傍点鶴見)

南方は、物、心、事、理、の不思議の謎を解くことが科学であると定義した。物不思議は物理学によって、心不思議はあるていど心理学によって、理不思議は数学および論理学によって究められる。論理学については、そして今日記号論理学の創唱者として知られているブール★および数学の論理的基礎理論を解明したド・モルガン★を、南方は読んでいる。しかし、これら当時の先端の論理学も、南方は理不思議を解くには、十分でない、といっている。さらに、事不思議——心が物をどのように認識するかの学——にいたっては、未開拓だ、と評する。そして、これが、南方がもっとも力を注ごうとしている学問領域であった(このことは、次節に述べる)。そして、これらのすべての不思議の外に、大日如来の大不思議があるという。この大日如来の大不思議とは、実在ということであろう。実在の不思議を知るには、箇別科学をいくら精緻にしてもしりえない、ということをいおうとしているのだが、南方の立場は、不可知論でも、唯名論でもなく、実在論である。それは、「隠された実在論★」に近いように思われる。

▼物・心・事・理の不思議

★『南方熊楠　土宜法竜　往復書簡』三〇七―九ページ。

★ブール　George Boole, 1815-64.

★ド・モルガン　Augustus de Morgan, 1806-71.

★柳瀬睦男『神のもとの科学——隠された実在論』一九九一年。

▼曼陀羅と深層意識

第二に、「南方曼陀羅」には、深層意識の作用ということがでてくる。どうしたら、実在に近づくことができるのか。南方は、「やりあて」(tact) という表現を用いる。

さてこの「やりあて」というのはわかり難いのだが、南方は、自分の経験をもって、説明しようとする。フロリダで発見したのとおなじピソフォラという藻を、和歌山県吉田村で発見した。これはこれまで西半球にしか産しないとされていたものである。また、画に描いたものしか見ていないクラテレスという菌を那智の「花山天皇の陵という処をこゆるとき、この菌を多く見出だ」した。いずれも、夢に見て探しにいって、「やりあて」た結果であった。そこで、藻や菌類の分布にかんする既存の説は、あてにならないものだ、と次のように論じている。

寒帯、温帯、熱帯の産は大差あるもなきもあるが、東西の国の異によりてあまりにかわりのなきものなり。故に一国に目について一国につかぬは、人の要用、学問上の興味いまだ多からぬゆえ、精出して捜すこと少なきなり。捜しさえすれば、何国にもあるものなるなり。故に予は仮に夢の告げに動かされて、よく気をつけて捜しあてたというまでのことなり。★

★『南方熊楠　土宜法竜　往復書簡』三一三ページ。

「やりあて」ということは、「夢のおつげ」に関連はあるが、夢を見ることによって、念を入れて探したからやりあてたのだと、ここでは説明している。さらに、一九〇四年三月二十四日の書簡では、「不意に妙想出で、また夢に霊魂等のことあり。これ今日活動する上層の心機の下に、潜思陰慮する自心不覚識（アラヤ）の妙見をいう。★」

意識の重層性（「箇人心は単一にあらず複心なり。」）と、深層心理にかんする南方の洞察は、ユ★ングのマンダラ論を想起させる。ユングがマンダラを描きはじめたのは一九二八年、『マンダラ・シンボリズム』が出版されたのは、一九五〇年である。南方が「森羅万象すなわち曼陀羅なり。その曼陀羅力を応用するの法およびその法のあるべき理論」の一環として、「アラヤ識」に辿りついたのは、それより四〇年余りさきがけている。

第三は、必然性と偶然性との関係である。

> 今日の科学、因果は分るが（もしくは分かるべき見込みあるが）、縁が分らぬ。この縁を研究するがわれわれの任なり。しかして、縁は因果と因果の錯雑して生ずるものなれば、諸因果総体の一層上の因果を求むるがわれわれの任なり。★

十九世紀の自然科学の目標は、必然法則としての因果律を追究することであった。これに対して、仏教は因縁を説く。因は因果律である。そして縁は複数の必然系列のあいだの偶然の出あいである。自然現象でも、社会現象でも、必然と偶然とを同時に把握するのでなければ、的確にとらえることはできない。そのいみでは、真言密教の方法は、近代科学（当時の）に立ちまさっている。「科学というも、実は予をもって知れば、真言の僅少の一分に過ぎず」と南方は断じる。★

★『南方熊楠　土宜法竜　往復書簡』四〇三ページ。

★ユング　Carl Jung, 1875-1960.

▼**必然性と偶然性**

★『南方熊楠　土宜法竜　往復書簡』三三五ページ。

★『南方熊楠　土宜法竜　往復書簡』三一四ページ。

近代西欧の学者の中で、「実在的偶然性」（"real chance"）を論じた最初の人は、アメリカの科学哲学者パース★である。その論文「必然法則を検討する」は、一八九二年に書かれた。しかし、南方はこれを読んだ形跡はない。ただしパースの価値がアメリカで認められ始めたのは、一九三〇年代であるから、無理もない。わたしは、南方とパースとの考え方（偶然性およびマチガイ主義）、および暮し方（隠遁生活）には、共通点があるように思う。ノーベル賞受賞のフランスの分子生物学者のジャック・モノー★が、生物進化における『偶然と必然』について論じた書物を出版したのは、一九七〇年である。

必然法則のみが支配すると考えられた自然観は、ニュートン力学に基礎をおいた。必然性と偶然性との関係が注目されるようになったきっかけは、アインシュタイン★の量子論、相対論、ブラウン運動の理論の発表（一九〇五年）であった。南方曼陀羅における必然と偶然との問題提起（一九〇三年）は、まさに世紀の変り目のパラダイム転換の予兆であった。近代西欧科学と、東洋の古代仏教という異質な思想を、自己の中で対決させ、格闘させることによって、南方熊楠は、世界の思潮からみて新しい方法論に辿りついたということができる。

★パース　Charles Sanders Pierce, 1839-1914.

★モノー　Jacque Monod, 1910-76.

★アインシュタイン　Albert Einstein, 1879-1955.

▼パラダイム転換の兆し

10 比較マチガエ論

▼人間は必ず間違える

南方は、前項で述べた曼陀羅の手法をもって、地球上さまざまな地域の民衆文化の比較をこころみた。かれがもっとも興味をもったのは、人間の心が、物をどのようにとらえるか、心と物との接点を示す「事不思議」の世界であった。心が物をとらえるときに、まちがってとらえることが多い。しかし、まちがってとらえることを、比べあわせてみると、かえって新しい発見や、創造にゆきあたることがある。南方の比較民俗学は、比較マチガエ論を主軸としているといってもいいすぎではない。

▼代表作『十二支考』

まず、その代表作である『十二支考』をのぞいてみよう。「虎に関する史話と伝説、民俗」は、梅檀摩提太子（法盛訳『菩薩投身餓虎起塔因縁経』）が餓えた虎の母子に身を投げ与える話から始まる。同様の伝説は、玄奘の『大唐西域記』では、摩訶薩埵王子になっている。いずれも、釈迦の前身である。どこの国にも、土や岩や草木が赤味を帯びている処は、むかし血を流した跡だという俗信がある。

紅藻類のヒルデブランチア属の多くは海中に生息するのだが、その一種であるリヴラリスのみは、深山高地に生ずる。それがどのようにして、山に生息するようになったか、南方は興味をもっていた。那智にいたころ、南方は、山中で、「一丈四方ほどの一枚巌全くこの藻を被り、それから対岸の石造水道を溯って、花崗石作りの手水鉢の下から半面ほど登りあるを見た。……また件（くだん）の手水鉢中の水が血を注いだように黝赤（くろあか）いので鏡検すると、従来予が聞いたことなき紅色の双鞭藻（ジノフラゲラタ）でたぶん新種であろう（上図）。双鞭藻は黄褐色また緑を常色とする。★」

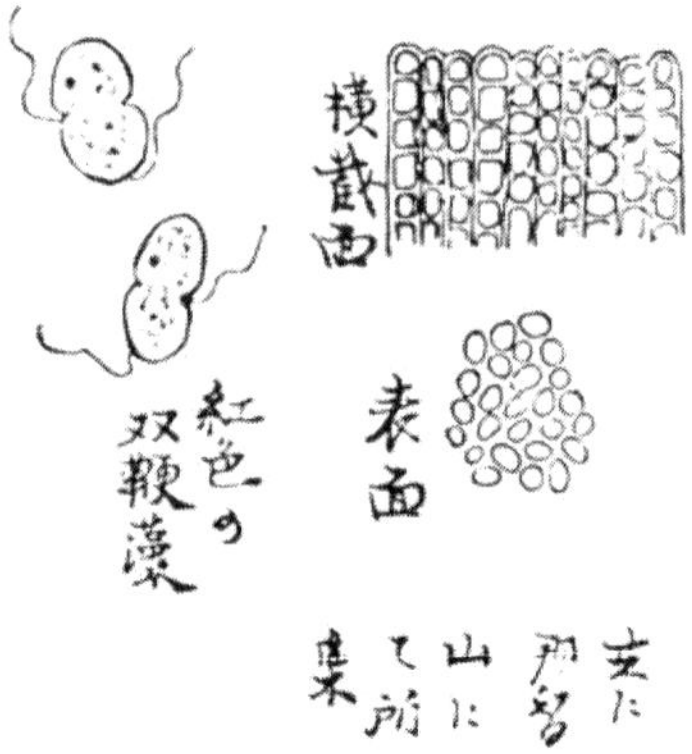

★『全集』第一巻、三八―九ページ。

このような発見へとかれを導いた発端は、血の流れた跡は土も草木も紅くなるという俗信であった。

諸国の俗信にちょっと聞くとまことに詰まらぬこと多くあるを迷信だと一言して顧みぬ人が多いが、何の分別もなく他を迷信と蔑む自身も一種の迷信者たるを免れぬ。したがって古来の伝説や俗信には間違いながらもそれぞれ根拠あり、注意して調査すると感興あり利益ある種々の学術材料を見出だしうるということを、摩訶薩埵王子虎に血を施した話のついでに長々しく述べた訳じゃ。★（傍点鶴見）

★同前、三九ページ。

民俗学の対象である俗信と、生物学の対象である藻類の採集と分布にかんする検証とを、南方はここで、たくまずして結びつけることに成功した。森羅万象はことごとく相関関係があり、それらを結びつける萃点に当るのが南方自身である。民俗学と生物学という一見結びつきそうもないものを、結びつけたところに、南方曼陀羅の手法が生かされている。

▼最高傑作『燕石考』

比較マチガエ論の精髄をあらわしたのが、「燕石考」（"The Origin of the Swallow-Stone

Myth”）である。これは、一八九九年、南方のロンドン在住時代に初稿が書かれたものであった。一九〇三年三月三十日、那智で書き直した原稿を、『ネイチャー』誌に送ったが、漢籍および和文の文献を漢字で入れることを条件としたために、折り合いがつかなかった。これを日本文にして発表することを、柳田国男が要請し、南方自身も望んだが、さまざまな事情★によって、英文未発表原稿として、南方の死後も長く書庫の箱の中に眠っていた。故岩村忍教授が、三種類あった手書きの英文原稿を照合、判読して、原文のまま、『南方熊楠全集』（平凡社、別巻二）に発表された。その後、岩村教授が邦訳して、『南方熊楠文集』二（東洋文庫、平凡社、一九七九年）に収めた。現在は、『南方熊楠選集』六（平凡社、一九八五年）にも載せられている。

★『鶴見和子曼荼羅V』二五七―六二ページ参照。

わたしは、この「燕石考」（英文）が、南方の比較マチガエ論の精髄であるばかりでなく、南方の書いた論文の中で、英文和文をとおして事例も豊富で、論旨明快で、分析と洞察に富む最高の傑作だと考えている。かれ自身が日本文で書き下ろさなかったことが残念である。「燕石考」は英文の印刷にして一八ページの小論文であるが、八一件の註がつけられている。引用文献の種類は五二種、発行所は、中・日・印・独・伊・英・仏・オランダ・スペイン・オーストラリア・シンガポール、一一ヶ国にわたっている。引用文については、ラテン語とフランス語とは原文のままで、その他はすべて、著者が英訳している。「材料豊富ならずば真の比較はなりがたし」と南方はいっているが、この論文はそのいみでも、自負するところがあった。

この論文を書くきっかけは、『ネイチャー』（一八八〇年第二一巻）に出た質問であった。ロングフェロー★の『エヴァンジェリン』の第一編に、「燕が雛たちの盲（めしい）を癒（いや）すために、海辺から運んでくる。という、ふしぎな石を、燕の巣から探しあてたものに幸いがある」という寓話が引かれているその燕の巣の中の石とは何か、という質問である。もう一つは、『ズオロジスト』（一八六七年第二輯二〇号）に、貝類の蓋のように見えるものが眼病に効くとされているがこれはどういういみか、という質問への答がのっていた。

W・K・ケリーの『インド＝ヨーロッパの珍奇な伝統と民俗』（一八六三年）によると、燕石をお守りとして使う風習は、「天体に起源を持つことは、ほとんど疑いない」と断定している。南方は、このように、俗信の起源を天体に求めるという当時の安易な風潮に、挑戦してやろうとしたのが、きっかけであった。

木田重暁の『雲根志』（十八世紀）には、燕という辞のついた石は四つ並記されている。（1）石燕は化石で、薬用。（2）燕石は、雲母片岩の一種で、嵐の中で燕のように飛ぶ。

★ロングフェロー　Henry Wadsworth Longfellow, 1807-82.

『燕石考』（The Origin of the Swallow-Stone Myth）原稿の一ページ。ロンドン時代の末期一八九九年には初稿が書かれ、那智に移った一九〇三年には完成したが、けっきょく公刊はされなかった。「事の学」（本書六五ページ、松居竜五『南方熊楠 一切智の夢』二〇〇一〜二〇六ページなど参照）と文化伝播論とが結び付いた、熊楠の英文論文の到達点とされる。

W. K. Kelly, "Curiosities of Indo-European Tradition and Folk-lore" [1863], p. 243 [illegible]

The Origin of the Swallow-Stone Myth

In Nature, vol. XXII, p. 494, 1880, Mr. R. R. C. Hoek of Leyden proposed to the public a question about the origin of the fable to which Longfellow refers in his "Evangeline," Pt. I, first part:—

"Oft in the barns they climbed to the populous nests on the rafters,
Seeking with eager eyes that wondrous stone which the swallow
Brings from the shore of the sea to restore the sight of its fledglings;
Lucky was he who found that stone in the nest of the swallow!"

which helps the [illegible] to [illegible] and [illegible] to life.

○ * J. C. Pinot's "Diccionario [illegible] Gallego", Barcelona, 1876, p. 155, says that man cooks in water a swallow's egg in order to procure a [illegible] herba [illegible].

A writer, under the signature "Chacal", in the same vol., gives his reply, pp. 457–60, almost thus:— "The swallow's stone was preserved in France seventeen or eighteen years ago, for Mr. Patrin wrote in the 'Dictionary of Natural History', 1803, that 'In the rivers near about Sassenage in Dauphiné very small chalcedony, is found, sub voce Agate, [illegible] in lenticular form, and termed swallow-wort-stones (pierres de Chélidoine), because of their resemblance to the seeds of the plant; or swallow-stones (pierres d'hirondelle), because they are found in the stomach of that bird.' When he quoted Philip's 'Remedies against Sorrow', the following verses:— 'A stone which the earth conceals in her nest preserves her lofty brood from destruction, just as the top of a parsley sprig does for the swallows. This means to [illegible] a woman round her neck during pregnancy, will preserve her living child.'" And, quoting the several passages from Aelian, Dioscorides, Pliny, and traces the belief in the confusion of the respective proficiency of euphrasia, aristolochia, and swallow-stone in [illegible]."

Answering to an inquirer about the [illegible] of a shell held by the inhabitants of Brittany to be a talisman, and said to be found in the swallow's nest, Mr. S. E. Harding says the practice [illegible] authors says an ancient [illegible] it was currently believed that the swallows use the swallow-wort, or celandine (Chelidonium majus, Linn.) for restoring their young's sight ("Notes and Queries", 7th series, vol. III, p. 93, 1887), which view [illegible] as the origin of the name of Chelidonium or "swallow-wort" ("erba delle rondini" of the Italians, "éclaire" of the French, and Schwalbenkraut of the Germans, etc.). He says the connection between the plant and stone is that both were sought by the bird for the nest, and both were believed good for the eyes. ("Notes and Queries", 7th series, vol. IV, p. 218, 1887.)

This swallow-stone [illegible] Aldrovandi describes thus ("Ornithologia", Bononiae, tom. II, lib. XV, 1637, p. [illegible]):— "Hirundinum albae hirundinum colore, et aliae gemmae Chelidoniae, dumait, Chelidoniae (gemmae) duarum sunt generum, parte purpurea, nigris interstinctibus maculis. Et a lucente [illegible] similis est gemmae, quam vocant Chelidoniam." Plinio [XXXVII. 56.] Tradunt autem quod pulli gestantes lapidem hoc signo agnoscantur quod in nido sedeant aversi ac se invicem [illegible]. Nam caeteri, qui non habent lapidem, posteriora ad se convertant. — G. Agricola:— Chelidoniae, qui in Hirundinum ventriculo reperiuntur, in figura globi dimidiati semper qui, intus cavi, [illegible] de causa admodum tenue, existunt, In eminentia sunt plerumque rubo sed diluto colore, in cava concavitate purpureo, nigris interdum interstinctibus maculis, atque ob id duae earum species videntur esse. Reperiuntur etiam figurae lentis, qui nigri sunt, quales esse Christophorus Encelius [illegible] scribit, item figuri nigri tantum, quales Conradus, qui est [illegible] nos observavit, [illegible] perspicuae inveniuntur, et in monte quodam Sedunorum [illegible] in arena, inter excelsas rupes, solidos, non cavos.

The same naturalist, in his "Musaeum Metallicum", Bononiae, 1648, lib. IV, cap. [illegible], gives the figure of the mineral and the animal Chelidonius. [illegible] calculo reperto in ingluvie hirundinis senescentis. Figulo Chelidonius [illegible] rufo, colore flavo, [illegible] planus, et lapsus duplo major erat lapide hirundineo, [illegible]

de Boot's "Le Parfait Joaillier", Lyon, 1644, p. 437, after speaking of the swallow-stone occurring in the swallow's nest, says:— "Lorsque l'on les tire ils sont pris des forces, selon l'opinion de plusieurs, si ce n'est pas l'on les tire, en [illegible] et [illegible] que le premier n'ayt touché la terre. Il y en a de deux sortes, car il y en a de rouges et de noirs, ceux qui sont rouges sont quelque chose de pourpré meslé, les plus parfaicts sont de substance tres pure, et sont ornés de gouttes etc. Tous resplendissent, et se trouvent rarement plus grands que la [illegible]

（3）『竹取物語』の中で、かぐや姫が中納言に、燕の巣の中から安産に効きめのある貝をとってこいと難題をふっかけた子安貝である。（4）中国の燕の国に産する、文字どおり燕石である。この中で、この論文のテーマに関係のあるのは、（1）と（2）と（3）である。

（1）の石燕は、スピリファーという古代の軟体動物の化石で、燕が翼をひろげた形をしている。嵐の日に洞穴から飛び出した燕を、網でとらえた瞬間に石になると信じられた。

このように、スピリファーは燕の変化(へんげ)だと中国人は考えたのである。「燕石」の雲母片岩は、燕が飛びまわるように見える。いずれも形態上の類似から一つのものを他のものと混同したのである。これは通常の誤謬の原因に基づいている。しかし、それだけではない。中国では、燕は冬眠すると信じられていたのである。「世に言う。燕子(つばめ)は秋社（秋分）に至ってすなわち去り、仲春にまた来たる、と。昔年、京(みやこ)の東、河（黄河）を開くによって、岸崩れて蟄燕(ちつえん)無数に見(あら)わる。すなわち知る、燕もまた蟄するのみ。驚蟄(けいちつ)の後、気に中(あた)ってすなわち出づ。海を渡るにあらざるなり」★。このように冬眠から覚めて、穴から出てきた燕が、空を飛びかうさまに、燕石を見立てたのである。ここで、南方は、誤りは、形態上の類似という単一の原因からだけではなく、燕も驚蟄するというもう一つの誤った俗信と、重なりあって、石燕や燕石を、燕の化石と誤認するに至ったと論じている。

プリニウス★の『博物志』（第三六巻）によれば、古代ヨーロッパ人は、燕石や鷲石や「タロボーレンという石（天然磁石？）」に性別があると認めた。李時珍★ら中国の本草家たちもまた石燕に雌雄があると考えた。石灰質の化石や、酢貝という貝類の蓋は、酸の中に入れると炭酸ガスの小気泡を出す。これを、雌雄が惹きあい結合して卵を生じるのだと思いこん

◀熊楠が描いた「燕石」の図

★『淵鑑類函』四二四巻一六丁。岩村忍訳「燕石考」、『南方熊楠文集』二、三六四ページによる。

★プリニウス　Gaius Plinius Secundus, 23-79.

★李時珍　1518-93.『本草綱目』の著者。

だ。そこから、これらの化石や貝の蓋は多産と安産を促進する力があると信じるようになった。それが燕の体内から出たものか、燕が巣の中に持ちこんだかいずれにせよ、貝の蓋を「燕石」だと思いこんだ。その形が小さくなめらかであるところから、まぶたの下にさしこんで目の中のごみをとるのに役立つ。そこで、燕石や石燕は眼病および視力に関係のあるすべての病に効能があると信じられるようになった。

子安貝については、その形のために、ヴィーナスの印相とされた。円くてなめらかな形が燕石に共通するところから、燕石とおなじ効能が賦与された。また貝は古代は貨幣の役割を果したから、相乗効果が働いて、「燕のもってくる子安貝を得るものは大いなる果報者だという迷信が最高潮に達したのである。★」

★『全集』別巻一、一八ページより訳出。

▼「**誤認**」**の、文化を超えた共通性**

この論文は、心が物を誤認してゆくすじ道を、さまざまな誤認の系列が作用しあって、誤解の相乗効果を生じてゆく過程として分析している。そして誤解の方向が、異なる文化のあいだで、いかに共通性があるかを示している。マチガイは決してマイナスの価値ばかりではない。ロングフェローの詩に見られるように、創造性の源の役割をも果たしていることを、南方は論証したということができる。そしてその論証の手つづきの中に、南方曼陀羅が躍動している。

11 鎮守の森を守れ

▼自然保全運動のさきがけ

神社合祀（ごうし）反対運動は、南方熊楠の生涯における唯一の、そして輝かしい実践活動であった。それは足尾鉱毒事件における田中正造のたたかいと並んで、近代日本の自然保全運動のさきがけである。

明治政府による中央集権化政策の一環として、市制町村制が公布（一八八八年）されて以来、市町村合併が急速に進められた。これまで一つの自然村には一つの産土（うぶすな）社があったが、町村合併によって、二つ以上の産土社をもつようになった町村が生れた。原則として、一町村につき、一社に限り、その他の雑多な小社小祠は、統廃合するように、という勅令が、一九〇六年五月に公布された（「府県郷村社ニ対スル神饌幣帛料ノ供進ニ関スル勅令」）。つづいて八月には、「神社寺院仏堂合併跡地ノ譲与ニ関スル」勅令が出された。神社をとりこわすことは、それをとりまく森林を伐採することであった。その木材を売った代金を、合併した神社に譲渡することを定めたのである。こうした神社の統廃合は、すべて各県の知事、郡町村長の宰領に任された。

南方が後半生の定住の地として選んだ和歌山県は、全国で二番目に神社破壊の多い地域であった。第一は三重県で、一九〇七年から一九〇九年までに、神社の減少率は、八九パーセントに上った。和歌山県は八七パーセント減少であった。これに比べて、四パーセントしか減っていない青森県のようなところもある。神社の統廃合の激しい地域ほど、自然破壊も大きかった。

▼反対運動で逮捕される

一九〇九年九月、南方は、地元の新聞『牟婁新報』に、「田辺町台場公園売却反対意見」を発表したのを皮きりに、新聞・雑誌などに反対意見をつぎつぎに発表し、この道の専門家に書簡を送って、反対を訴えた。近隣の町村の神社の取り毀しがあるときくと、その場にかけつけて、神社をとりまく自然の破壊を、身をもって防ごうとした。一九一〇年八月には、合併推進の急先鋒に立っていた県役人に面会を求めて、「公共建造物乱入」のかどで逮捕され、一八日間田辺の未決監に拘禁された。このようにして、一九二〇年に、神社合祀無益の議決が、貴族院を通過するまでの一〇年余りを、全身全霊を傾けて、たたかった。

南方は、植物学者の松村任三★および植物学者で天然記念物保存協会の委員であった白井光太郎★あてに、詳しく反対理由を述べた書簡を送った。松村任三宛書簡は、柳田国男が、「南文二書」と題して、印刷して有力者に配った。このように、柳田は南方に協力した。しかし、南方がロンドン大学前事務局長ディキンズらに檄をとばして、日本の自然保護運動への協力を海外に訴えようとしたとき、柳田は激怒して、これは外へむかって国の恥をさらすものだと南方をひきとめた。南方は環境問題を、地球的ひろがりで考えていたという点で、今日のわたしたちの立場に近い。一九一二年には、『日本及び日本人』に、「神社合祀反対意見」を連載したが、これは「未完」となっている★。

一九一一年十一月、新任の和歌山県知事川村竹治★に、南方は手紙を送っている。その中で、エコロジーの立場から、神社合祀に反対しているのだ、と明確に述べている。

★松村任三　一八五六―一九二八年。
★白井光太郎　一八六三―一九三二年。

◀「南方二書」

★『全集』第七巻、五六六―九四ページ。
★川村竹治　一八七一―一九五五年。一九一一―一四年まで和歌山県知事。

Photo by Ichige Minoru

……殖産用に栽培せる森林と異り、千百年来斧斤を入れざりし神林は、諸草木相互の関係はなはだ密接錯雑致し、近ごろはエコロギーと申し、この相互の関係を研究する特種専門の学問さえ出で来たりおることに御座候。しかるを、今無智私慾の徒が、単に伐採既得権云々を口実とし、是非に、かかる希覯の神林を、一部分なりとも伐り去らんとするは、内外学者に取りても、史蹟名地のためにも、はなはだ惜しまるることに有之。★（傍点鶴見）

★『全集』第七巻、五二六ページ。

▼日本の「エコロジー」の嚆矢

エコロジーということばをはっきりかかげて、自然保護運動をおこなったのは、日本では、南方熊楠をもって嚆矢とする。南方が、神社合祀がエコロジーを破壊すると考えたのは、どのような理由からであろうか。「神社合祀反対意見」には、七つの理由をあげ、白井光太郎宛書簡には、八つの理由をあげている。白井宛書簡の八番目の項目は、「合祀は天然風景と天然記念物を亡滅す。」である。

……わが国の神林には、その地固有の天然林を千年数百年来残存せるもの多し。これに加うるに、その地に珍しき諸植物は毎度毎度神に献ずるとて植え加えられたれば、珍草木を有すること多く、偉大の老樹や土地に特有の珍生物は必ず多く神社神池に存するなり。……本州に紀州のみが半熱帯の生物を多く産するは、大いに査察を要する必要事なり。しかるに何の惜しげなくこれを滅尽するは、科学を重んずる外国に対して、恥ずべきの至りなり。……欧米人いずれもわが邦が手軽く神社によって何の費用なしに従来珍草奇木異様の諸生物を保存し来たれるを羨むものなり。★

★『全集』第七巻、五五九―六一ページ。

ここで南方がエコロジーというのは、環境の全体的保全によって、それぞれの土地に固有の植生が保たれることである。とくに南方が研究の中心においた粘菌は、高層、中層、低層の植物が重なりあった一番下の湿地に生息する。このことから、南方は、多様な植物の相互補完と循環の構造を、エコロジーの第一義においた。

▼神社が保全してきた環境

そして、環境の全体的保全が、これまで長い歴史を通して、日本の神社をとりまく神林神池で守られてきたことに着目する。樹木は、神の依代（よりしろ）である。たとえ社（やしろ）は小さく、みすぼらしくても、高い木の梢からカミガミはこの地におりてくる。木や草に神が宿る。したがって、神域の木や草を濫りに伐採してはならぬという、アニミズムの信仰に基づくタブーが、数千年、数百年の間、神域の生態系を守ってきた。日本の農村は、水田稲作であるから、水が大切である。雑木林は根が深く、保水力が抜群である。水源に鎮守を築き、さまざまな樹木を植えつぎ、それをタブーによって守ることを通して、水を豊かに保ってきた。ここには、エコロジーという現代科学と、アニミズムという原始・古代の民間信仰との結接点があると南方は喝破した。

南方は、エコロジーの概念を、自然生態系を基礎において、植物学・微生物学から、歴史、民俗、経済、社会、政治の領域までひろげて考えていたことは、のこり七つの神社合祀反対理由との関連を見るとはっきりする。

▼神社合祀反対の七つの理由

合祀反対理由の第一は、「敬神の念を減殺すること」である。第二は、「人民の融和を妨げ」対立を激化することである。第三は、「地方を衰微させる」ことである。第四は、「庶民の慰安を奪い、人情を薄くし、風俗を乱す」ことである。第五は、「愛郷心を損ず」ることである。第六は、「土地の治安と利益に大害」があることである。そして第七は、「勝景史蹟と古伝を湮滅す」ることである。それぞれの項目について、和歌山県、とくに田辺周辺でおこった合祀事件のいきさつについて、実例をあげて論じている。

南方にとって、エコロジーとは、地球の自然生態系の全体的保全と、それが侵害されたときに、結果として、地域住民の生活がおびやかされることの総体としてとらえた。神社の樹木が取り払われると、田畑の害虫駆除に役立っていた鳥がこなくなることによって、農民は、農薬による害虫駆除が必要となり、生産費がかさむ。海辺の神社が取り毀され、松林がなくなると、樹陰を求めて岸辺に寄ってきた魚がこなくなり、漁民は沿岸漁業から、遠洋漁業にきりかえなくてはならず、漁民もまた困窮する。これまでは、朝夕近くの社にお参りしていたのに、神社が遠くへいってしまうと、住民の信仰心は薄れる。これまで神社の境内は人々の慰安の場であり、村の寄合の場でもあった。村の寄合が手軽くできなくなって、自治の機能が低下する。さらに、天然の風景を破壊することが、どのように教育上悪影響を与えるかを、南方は論じている。

> 小生思うに、わが国特有の天然風景は、わが国の曼陀羅ならん。……凡人には景色でも眺めて……人に言い得ず、みずからも解し果たさざるあいだに、何となく至道を

ぼんやりと感じ得（真如）、しばらくなりとも半日一日なりとも邪念を払い得、……学校教育などの及ぶべからざる大教育ならん。……風景ほど実に人世に有用なるものは少なしと知るべし。★（傍点鶴見）

★同前、五五九ページ。

現在さまざまの地域でさかんになっている町並み保存や風景論を先取りしている感がある。

『全集』刊行以後に、さまざまな文書が発見発刊されつつある。その一つに、「大山神社合祀反対に関する従弟・古田幸吉への手紙」がある。大山神社は、熊楠の父の産土社であったことから、その合祀には、とくに関心が深かった。合祀のいきさつに、役人の不正があったことは、「神社合祀反対意見」に述べている。★古田幸吉あて書簡によってあきらかになったことは、一つの地域社会の住民が、その地域社会の自立を守る強固な意志がなければ、外からの応援や圧力によって、自然を守ることはできないという、熊楠の厳しい態度である。★自然保護運動における、地域住民の内発性と自治を重視する南方の立場は、今日の自然保護運動にも通じる。

★同前、五七九ページ。

★吉川寿洋編・解説「大山神社合祀に反対する古田幸吉宛書簡」、南方文枝『父南方熊楠を語る』日本エディタースクール出版部、一九八一年。

自然の破壊が、人間の生活と精神と、生命の破壊であることを、南方は、エコロジーということばの中に、深く広く盛りこんだ。それは地球的規模での普遍的な問題であることを、南方は、十分に心得ていた。しかし、かれは、その運動のさ中に、アメリカからの招聘が再三あったにもかかわらず、定住地田辺を動かなかった。それは、地球は一つだが、その地球を、自分が棲んでいる足下で捕える、という強固な意志が働いていたからであろう。このこともまた、現在のわたしたちにとって、きびしい教訓である。

12 混沌に生きる

▼粘菌への強い関心

わたしは、二年前に、つぎのように書いた。

南方の思想は、世紀の変わり目に特有の新しいものへの胎動を予見しながら、まだ明確な形をえていない、変化への予兆を孕んだ混沌を示している。南方は、十九世紀のパラダイムの転換を、予見し、示唆した。しかし、明確な理論として体系だてて提示することはなかった。今日、ふたたび世紀末に近づいて、わたしたちはもう一度南方熊楠が、かれ自身の中なる混沌とどのように格闘したかを、吟味し直したい。そして、そこから新しい考え方を構築する手がかりをつかまえたい。★

★鶴見「南方熊楠の予見性」、『南方熊楠日記Ⅳ(1911-1913)』八坂書房、一九八九年、三九一ページ。『鶴見和子曼荼羅Ⅴ』所収。

南方の仕事をつきつめてゆくと、その根底に、生命の原初形態への生涯をかけた追求があった、とわたしは考える。そしてかれは、その生命の原初にある混沌を、つかまえる方法をも探究した。そのことがはっきりした形をとっているのが、粘菌の採集と研究である。

粘菌とはなにか。岩田準一宛書簡（一九三一年八月二十日付）でつぎのように図を描いて説明

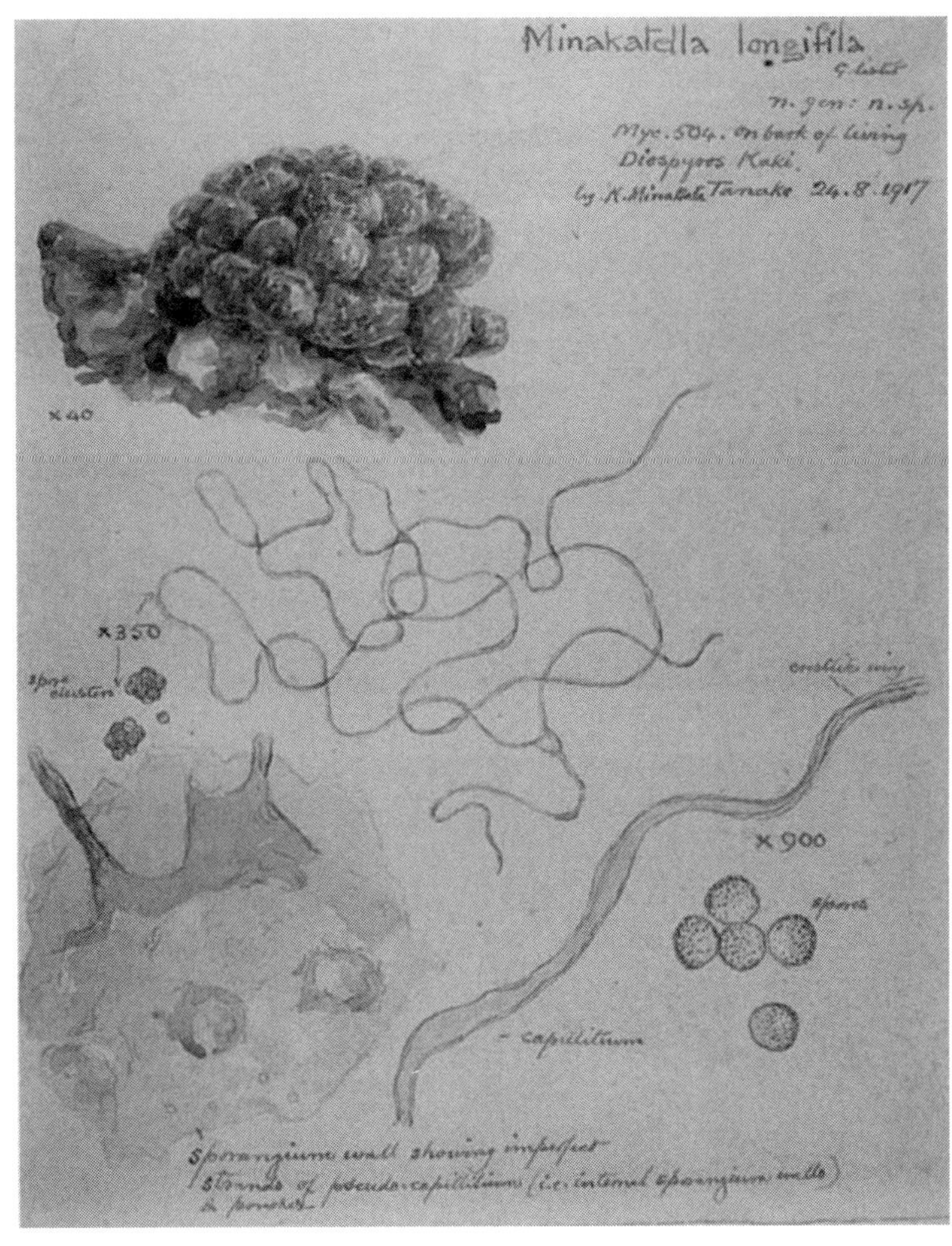

▲熊楠が発見した新属新種の粘菌 Minakatella longifila の図

する（左図）。

粘菌が原形体として朽木枯葉を食いまわること〔（イ）〕やや久しくして、日光、日熱、湿気、風等の諸因縁に左右されて、今は原形体で止まり得ず、（ロ）原形体がわき上がりその原形体の分子どもが、あるいはまずイなる茎となり、他の分子どもが茎をよじ登りてロなる胞子となり、それと同時にある分子どもが、（ハ）なる胞壁となりて胞子を囲う。それと同時にまた（ニ）なる分子どもが糸状体となって茎と胞子と胞壁とをつなぎ合わせ、風等のために胞子が乾き、糸状体が乾きて折れるときはたちまち胞壁破れて胞子散飛し、もって他日また原形体と化成して他所に蕃殖するの備えをなす。かく出そろうたを見て、やれ粘菌が生えたといいはやす。しかるに、まだ乾かぬうちに大風や大雨があると、一旦、茎、胞壁、胞子、糸状体となりかけたる諸分子がたちまちまた跡を潜めてもとの原形体となり、災害を避けて木の下とか葉の裏に隠れおり、天気が恢復すればまたその原形体が再びわき上がりて胞嚢を作るなり。原形体は活動して物を食いありく。茎、胞嚢、胞子、糸状体と化しそろうた上は少しも活動せず。ただ後日の蕃殖のために胞子を擁護して、好機会をまちて飛散せしめんとかまうるのみなり。

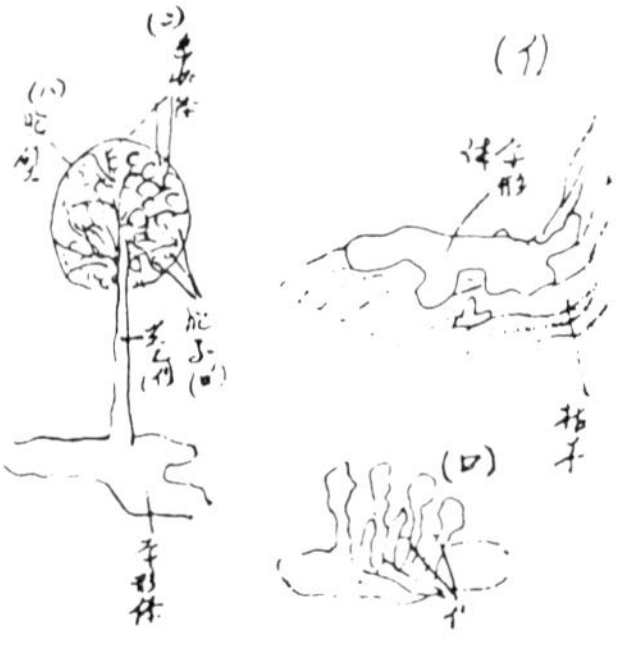

故に、人が見て原形体といい、無形のつまらぬ痰様の

半流動体と蔑視さるるその原形体が活物で、後日蕃殖の胞子を護るだけの粘菌は実は死物なり。死物を見て粘菌が生えたと言って活物と見、活物を見て何の分職もなきゆえ、原形体は死物同然と思う人間の見解がまるで間違いおる。すなわち人が鏡下にながめて、それ原形体が胞子を生じた、それ胞壁を生じた、それ茎を生じたと悦ぶは、実は活動する原形体が死んで胞子や胞壁に固まり化するので、一旦、胞子、胞壁に固まらんとしかけた原形体が、またお流れとなって原形体に戻るは、粘菌が死んだと見えて原形体となって活動を始めたのだ。★

★『全集』第九巻、二八―九ページ。

南方が粘菌に魅せられた理由は、それが生命の原初形態と、生死の過程を調べるのに役に立つと考えたからである。人間から見て死んでいると考えられる状態は最も活発に生きている状態であり、活きていると見える有様は、実は仮死の姿であるという。心が物を見るときの陥りやすいマチガエの指摘が、ここでもはっきりあらわれている。南方はここで、生と死との真に、明晰にして判明なる区分があると断定してしまうことへの疑問を呈しているということができる。これは今日の生命倫理の問題にも光を投げる。

▼粘菌は境界領域の生きもの

粘菌のもう一つの魅力は、それが境界領域の生きものだということである。一九二六年、南方の粘菌研究の高弟であって、郵船関係の経済人であった小畔（こあぜ）四郎★が、粘菌標本を天皇に進献する際、南方は品種撰定者として、進献表の始めに説明を書き入れた。「粘菌は原始動物の一部」と記したことが、当時宮内省御用掛生物学御研究所主任であった、服部広太郎（はっとりひろたろう）★の反対にあった。服部は、粘菌は動物ではないと主張し、「原始生物」と書き改めるよう

★小畔四郎　一八七五―一九五一年。

★服部広太郎　一八七五―一九六五年。植物学者。

に命じた★。

これに対して南方は、ド・バリー★およびシェンコウスキー★の説を参照した。また自分自身の観察にもとづいて、「今粘菌の原形体は固形体をとりこめて食い候。このこと原始動物にありて原始植物になきことなれば、この一事また粘菌が全くの動物たる証に候★」。

粘菌は、動物か、植物か。このことについて、『南方熊楠菌誌』の共同編集、同定者の萩原博光教授は、つぎのように論じている。

★平沼大三郎宛書簡、一九二六年十一月十二日付。『全集』第九巻、四五五―六ページ。
★ド・バリー　Heinrich Anton De Bary, 1831-88. ドイツの植物学者。粘菌類を"mycetozoa"と呼んだ。
★シェンコウスキー　ロシア人生物学者。一八六三年に、粘菌の原形体が固形体をとって食べるところを初めて観察した。
★同前、四五七―八ページ。

▲1929年6月1日、神島を訪れた昭和天皇に、熊楠は粘菌について進講し、標本を進献した。その折の、南方夫妻の記念撮影。

生物を動物と植物の二界に分ける考えは、一九六九年にR. H. Whittakerが生物五界説を発表して以来、菌学者を主とした研究者によって急速に再検討され、現在では菌類を植物界から外すことが定説となっているが、粘菌は相変らず菌類の仲間として取扱われ、上記の南方の反論と不満は、現在も通用する。つまり粘菌が植物か動物かという問題は、粘菌が菌類か原生動物かという設問に置き換っただけで、未だ結着がついていない。系統学的に見て粘菌は植物とも動物とも、そして菌類とも原生動物とも別個の独立したグループを形作っていると考えてもおかしくない★。

★萩原「変形菌類（粘菌類）」、小林義雄編『南方熊楠菌誌』一、南方文枝発行、一二二ページ。

『粘菌の生物学』によれば、生物を五界（モネラ界、プロチスタ界、植物界、菌界、動物界）に分けたホイタカは、「粘菌を菌界のなかに、しかも進化の大筋道からそれたグループとして位置づけた」。これに対して、「Oliveは、生物のまとめ方について基本的にはWhittakerの説を支持しながらも、〝粘菌〟を菌界からプロチスタ界へ移した。この措置はOliveの卓見であろう★」。

さらに、第一回南方熊楠賞自然科学部門の受賞者で、粘菌をとおして原形質流動の仕組みを研究して国際的な名声を博した、神谷宣郎教授は、つぎのように語っている。

★前田みねる・前田靖男『粘菌の生物学』東京大学出版会、一九一二〇ページ。

粘菌とは、菌というからには菌類なのですが、たいへん変った生物です。これは動物でも植物でもない中間の性質をもっている。この粘菌の一生には、変形体といって裸出した原形質が盛んに運動し栄養をとって生長する時期と、胞子やスクレロチウム……になって活動を休止する時期があります。普通、生物は細胞からできているわけですが、真正粘菌と呼ばれる一群の粘菌の変形体の時期は、このような一般概念からはずれ、細胞が互いに融合して大きな原形質の集塊をつくっています。★

以上のように、粘菌は今日でもまだ生物分類学の中で、どこに帰属するのか結着がついていない。「動物でも植物でもない中間の性質をもった」生きものである。このことは、分類方法そのものに問題がありはしないか。

▼粘菌とファジー論理

ここで、ファジー論理を導入してみたい。分類学は、明晰にして判明なる概念（デカルト）をもって集合を規定する。そしてある対象が、その集合に属するか否かを、一義的に定める、その時、形式論理学の排中律が用いられる。ある対象は、その集合に属するか、属さないかのいずれかであって、中間はないとする。そうした論理からみれば、粘菌は、植物に属するか、動物に属するか、二者択一となる。そこで論争が限りなくつづく。これに対して、ファジー論理を使ってみたらどうだろうか。「排中律は成り立たなくともよいということが、一つの特徴となっている」のが、ザデー★の提唱したファジー論理である。★

> 伝統的には、集合の概念は、集合の与えられた要素がそれに属するか否かが、はっきり定義されているものである。そして属していれば1で表され、反対に属していなければ0で表される。……ファジー論理の提案者であるザデーは、（グレードと呼ばれる）帰属度が一般的に0と1の間の任意の値をとる要素を考えた。……ザデーは、グレードの値が0と1〔との間〕にあるような要素からなる集合をファジー集合と呼び、

★神谷宣郎『細胞の不思議――探究の後をふりかえって』大阪府なにわ塾、一九八九年、六七ページ。

★ザデー　L. A. Zadeh. アメリカのシステム工学者。

★柳瀬睦男『現代物理学と新しい世界像』岩波現代選書、八二―一〇〇ページ参照。

その要素による論理的な操作過程をファジー論理と呼んだ。★

粘菌とは、もともと、このような境界領域の厳密に規定できない、ファジー集合としてとらえることができるのではないだろうか。

南方が生命がけでとりくんだ粘菌とは、形式論理学および明晰にして判明なる概念——この二つが、西欧近代の合理主義の思考方法の根底にあるとされている——のみによっては、とらえきれない生きものであった。それは生命の原初形態、もしくは、生命の根源のありようをあらわしているともいうことができる。

南方曼陀羅（本章第9節）は、未完ではあったが、西欧近代科学の論理と、古代仏教の論理とを統合することによって、生きている現実をとらえるのにより適わしい方法論を創出しようという壮大な試みであった。南方曼陀羅の絵図は、粘菌の写生図と、どこか二重写しになる。南方曼陀羅の絵解きは、これからのわたしたちの仕事である。

★柳瀬『神のもとの科学——隠された実在論』イエズス会、一九九一年、四〇ページ。

II ●創造性について

――柳田国男・南方熊楠・今西錦司――

1　はじめに

今日は人間学会学術大会という大変偉いところにお呼び頂きまして誠にありがとうございます。私は学術大会よりも漫談大会に呼ばれた方がふさわしいかと存じますが、今日はまじめにお話をさせていただきます。ところが、あんまりまじめにやりすぎると眠くなるということもありますので、ところどころ漫談を交えるかもしれません。

それで「創造性について」という題なんですが、創造性ということがすごく気にかかり始めましたのは、もう三〇年位前に『好奇心と日本人』（『鶴見和子曼荼羅』第Ⅲ巻所収）という本を書いたことがあるんです。もうその本は絶版になりましたが、その本を書いて日本人はすごく好奇心が強いということを歴史的に考えてみたんです。ところが好奇心だけではだめなんですね。その好奇心が実らなければならない。その実ることが、創造性だと思うんです。そこで好奇心から創造性へということを考えているんです。日本人は非常に好奇心が強い。しかしそれは物まね好奇心であって、模倣は大変優等生だけれども、自分からつくり出して外に出すということが少なかった。今、国際貢献というと軍隊を出すみたいに言われますが、そうじゃなくて、我々の中からシステムを創り出して外に貢献するというか、思想・芸術・技術を創り出して外に貢献するということが、私は一番大きな文化的な貢献だと思うんです。日本人はいつでも貰ってばかりいるじゃないかというふうに言われております。特に明治以来の近代において模倣が非常に強くなったと言われております。ほんとうにそうなんでしょうか。

そこで、他にもたくさんいらっしゃると思うんですが、南方熊楠と柳田国男は、私にとっては、明治近代において創造的な仕事をした人たちだと思うんです。なぜこの二人の民俗学者を取り上げたかというと、小さき民の知恵、小さき民の暮らしの流儀を調べるのが、民俗学なんですね。ですから、南方や柳田の仕事を見ていくと、南方や柳田が学者として創造的であるというだけではなくて、名もない普通の人々が創造的な暮らし、創造的な考えをもっているということがわかるのではないかと思ったわけです。最近になりまして、今西錦司を取り上げました。今西錦司さんは八月に亡くなられたばかりですが、割合と最近になって今西錦司をここにつけ加えたんです。その意味はこれから申し上げようと思います。私は比較社会学をやっているので何でも比較したがるのですが、この三人を並べて一列に比較するというのではなくて、二段階方式で比較するということを今回ここでお話するときに考えたんです。これまでは三人を並べて比較するというやり方をやっていたんです。今西錦司ではなくて折口信夫をここに置いていたんです。というのは折口信夫も民俗学者ですから、三人の民俗学者を比較していたんです。ところがうまくいかないんです。折口信夫については、私はよく分からないことが非常に多かったので、これはだめだなと思って削って、そして今西錦司を置いたら、なにか落ちつくような気がします。二段階方式というのは何かというと、まず第一段階として南方熊楠と柳田国男を比較する。それから南方熊楠と今西錦司を比較する。南方熊楠がちょうど真ん中にいるという風な配置でやってみたいと思います。

2 創造性の定義

そこでまず、創造性とはなにかということを考えてみましょう。創造性というのは、だいたい心理学者が問題にしているテーマなんです。社会学者はあまり問題にしていないんです。心理学者の創造性についての定義を集めましたがさまざまな定義に共通することはつぎのようなことだと言っています。これまで結びつかないと考えられていたもの、または考えの、新たな結合をつくり出して、その結合が成功することである。成功というのはなにかというと、それが学問である場合は、理論的に他の人の役に立つ。このように定義づけます。それから、*Creativity*という本を書いた心理学者がいます。シルヴァノ・アリエティ（Silvano Arieti）というイタリー系のアメリカ人です。この人はアメリカの心理学会長などをした著名な心理学者です。彼の*Creativity*という本を開いてみますと、孔雀明王図が出ています。私は京都のお寺で拝見したことがあります。孔雀の上に仏様が坐っていらっしゃる。仏様の前世は孔雀であったということが伝説として言われている。その絵を見ていると孔雀が仏様か、仏様が孔雀か分からないくらいに、孔雀と仏様が渾然一体となっている。仏陀は人間で、孔雀は鳥類だからカテゴリーが違うわけです。違うものが、結びつかないものが渾然一体になって、人に感動を与える。これがcreativityなんですよということが、まず出てくるんです。これはいい本に違いないと思って私はその本を買ったんです。ところが読んでみますと、仏様の話なんか一切出てこないんです。ダンテとかゲーテとか、シェイクスピアとかアインシュタインとかポアンカレとか、西欧の芸術家とか、数学者、物理学者、そういう人たちの話ばっかりなんです。だから羊頭を掲げて狗肉を売るんだなと思ったんです。私はそれじゃ日本人でやってみようというので南方と柳田の分析をしてみたんです。アリエテイは何をしたかというと、精神分析学者ですからこういう人たちの精神分析をやったんです。創造の筋道を辿っていったんです。これらの人々の創造性の筋道には、二組の異質な論理および概念の組合せがあることに気がついたのです。第一は、endo-cept、――これはアリエテイの造語なんですが――それとclear and distinct con-cept（明晰にして判明なる概念）、これはデカルトですね。endo-ceptは、私は「内念」と訳しました。明晰にして判明なる概念というのはデカルトがちゃんと言っておりますから説明する必要は無いと思いますが、「内念」というのは何かというと、もやもやと内側から沸き上がってくるような想いなんですね。閃きといったらよいでしょうか。明晰にして判明なる概念でしゃべってると眠くなる。つまり陳腐になるんです。明晰にして判明だけど面白味がない。それは創造的じゃない。もやもやと沸き上がる想いがあって、その想いを明晰にして判明なる概念にして、新しい考えにたどり着く。たとえば、ポアンカレの『科学と方法』の中に彼が、フックス函数における変換と非ユークリッド幾何学における変換とは同じものであるということを思い着いた。非ユークリッド幾何学とフックス函数はそれまで全然違うものだと数学者は考えていた。しかし変換transformationという一点において同じだということをポアンカレがいつ考えたかというと、机に向かって一生懸命考えているときには解けなかった。ところが急に用事ができて、旅行に出るんですね。馬車に足を掛けたとたんにこのことを思いついたんです。馬車に乗るということがあるのかもしれません。新幹線に乗っても速すぎてあまり良いことはないかもしれません。だけど、歩いたときにふっと思いつくことってよくあるでしょ。それが、ふわふわとした形の定まらない、曖昧模糊としたものとして沸き上がってくるんですね。それを今度は家に帰って……、なかなかすぐに家に帰れなくて兵役にとられたりなにかいろいろなことをしたんですが、最後にもう一度書斎に戻って、それを数式によって計算していったんです。そして、このことを証明したんです。これが、ポアンカレのひとつの新しい理論として定着したんです。

もう一組の組合せは、古代論理と形式論理学です。形式論理学はアリストテレスですね。アリストテレスの論理は同一律、排中律、矛盾律から成り立っています。アリストテレスとデカルトは近代の合理精神を代表する考え方であるといわれます。

私たちは今、アリストテレスは古代の人というけれど、近代に取り入れられているわけです。そして、古代というのは、アリストテレスよりもっと前の原始的な考え方です。それを、Paleo-logicという言葉で表現するんです。形式論理学というのは分類学ですね。これとこれとは違う。ものごとの異なるところをはっきりさせる。異化の論理です。それに対して古代論理というのは、同化の論理です。たとえば「芥子の花は太陽だ」。ナンセンスですね。芥子の花は植物で、太陽は天体でしょう。まったくカテゴリーが違うから同じであるはずがない。ところが同じだと言うのです。何が同じであるかというと、両方とも赤い。輝くように赤いという一点において芥子の花は太陽だと。どこか一つでも共通のところがあると、それは同じものだと言いたてる。この二つが結びつくということが大事なんです。同化の論理だけならば、味噌も糞もいっしょくたということになってしまう。それじゃあ困るんです。けれども、それを今度は、先ほどのポアンカレの例で、違うと思われていたフックス函数と非ユークリッド幾何学が、変換という一点において同じだということも同様ですね。それを形式論理学で詰めていって、第三者に対してそれが説得力をもつように、明晰にして判明なる概念にしてゆくことによって、はじめてそれが創造的な理論だと第三者によって認められるようになる。

　創造性の過程には、必ずこの二組の結びつきがあるんだとアリエティは言っております。

　そこで、私は、創造性の源には、アリエティの創造性の筋道から考えると、異質な物のぶつかり合いの中から生まれるということがあると考えます。柳田国男は所貧乏ということを言っています。ある一つの所、村なら村に生まれてずうっと一生涯その村に暮らす人は、所貧乏になるというんです。所貧乏というのは、外のことを知らないで刺激がないから、心が貧しくなる、情報が貧しくなる、知恵が貧しくなるということを言ったんです。ですから常に外からの刺激、外からの情報、外の人との交流が必要であるということです。それと同じことで、異質なものあるいは異質な文化との交流、ぶつかり合いの中からでなければ創造性は生まれないと、そのように置き換えて考えることができます。私は長い間、このアリエティの本を読んでから、創造性っていうのは、異質な文化あるいは異質な考えとのぶつかり合いの中から生まれるということばかり言っていたんです。ところが、もう一つ別の源があることに気付きました。それは、人間と自然とのつきあいです。人間は自然の完全な一部なんですね。そのことを、私が実感をもってわかったのは、水俣病の患者さんたちとのつきあいからです。水俣病で水銀汚染の社会的影響についての調査をしてからです。私がアメリカで学んできた社会学は、人間の社会と自然との関係を一切切り捨てたんです。それは社会学の問題ではない。社会学の問題は社会の中の異なる要因の間の関係において研究するものであると言われていて、自然ということをなるべく考えないように訓練を受けてきたんです。ところが実は人間と自然とのつきあいの中から創造性が生まれる。ある国際会議を聞きました。未来学者から恐ろしい話を聞きました。そのうちに人間はロボットといっしょに暮らすようになる。そして人間がみんなロボットになるという話なんです。日本人はロボットを、太郎ちゃん、花子ちゃんとか呼んで、人間として扱う。人間はロボットを愛することができるかもしれません。しかし、ロボットは人間を愛することができますかと、その未来学者に聞いたら、「それは分かりません。」と答えました。私はロボットは愛することはないだろうと思うんです。恐ろしい話だと思うんです。だんだん人間とロボットが一緒に暮らして、人間もまたロボットになるという社会は、創造性がなくなる社会ではないかなと思うんです。人間は絶えず自然とのつきあいをすることを通して、新しい考え、創造性を生み出してゆくということではないかということを、第二の創造性の源として考えたいんです。

南方熊楠と柳田国男の比較は、第一の「異質な文化とのぶつかり合いの中から生まれる」ということの事例として考えます。この二人を二つの違った創造性の型として考えたいと思います。それから今西錦司と南方熊楠の創造性は「人間と自然とのつきあいの中から生まれた」独創的な学問の方法として考えたいと思います。

二段階方式を考えたいというのは、今、大河内副学長〔一九九二年当時〕がお話になったことにつながると思うんです。二十一世紀に問題になるのは、人間の問題と環境の問題である。まさに私はそうだと思うんです。なによりもかによりもこれから自然と人間とがつきあっていけるかっていうことが、二十一世紀の一番大きな問題だと思うんです。それから、異なる文化のあいだの交流です。文化の特徴を一番よく表しているのが、言語と宗教です。それは上智大学が非常に強い領域でもございます。そこで人間の問題と環境の問題、この二つがちょうど創造性の問題につながっていると考えます。

3　異文化のぶつかりあいの中から生れる創造性――ぼかしの論理

まず、異質な文化との格闘の中から新しい学問の方法を産みだした人たちとして柳田と南方についてお話をしたいと思いますが、この二人は同じ民俗学者であっても非常にやりかたが違うんです。柳田国男は一九一一年に南方宛の手紙の中で、「四〇年来の受け売りに飽き飽きした」と書いていています。これはちょうど明治四十四年でした。古代からずっと中国・朝鮮を向いていた日本の学問は、明治のはじめから急に西欧に向いて、何でも横のものを縦にすればいいという学問になったわけですね。それを、四〇年来の受け売りに飽きてという風に言っております。これからは東国の学風をつくろう、二人でいっしょにやろうということを言って、南方がこれに共鳴して二人の協力関係が始まるわけです。今まで私たちが伝統的にもっていた日本の学問、文化と西欧からくる学問との格闘をしたというのが明治人の一番大きな問題だったんですね。東洋のものと西洋のものとを格闘させてそこから新しい学風をつくるということを目指したんですが、柳田にとっての伝統文化は江戸国学です。本居宣長、平田篤胤の江戸国学というものが柳田の根っこになる。柳田は文学者として出発しました。イプセンとかハインリッヒ・ハイネを非常によく読んでいます。丸善で入っている本を一番早くどんどん買ってしまうと言われたくらい西欧のものをよく読んだ人です。それからフレイザー、ゴンム、タイラー、ロバートソン、スミス等の民俗学、人類学をとりいれました。

南方にとっての文化の根は、大乗仏教です。とりわけ真言密教が深くこの人の中に入っております。一八八六年から一九〇〇年までアメリカに五年、ロンドンに九年行っております。大学で勉強したわけではないんですね。アメリカでは主として山野を跋渉したんです。イギリスでは大英博物館で十数ヶ国語と言われていますが、およそ七八ヶ国語の本を読んでは写本をしたんです。当時のイギリスは、ヴィクトリア王朝の最後の輝ける時代でした。そこで、南方の場合には自然科学と人文科学の両方にわたっていたわけですが、特に近代自然科学の方法を身につけたんです。仏教と近代西欧自然科学というのは全然違うものです。それらを自己の巾で格闘をさせることによって新しい方法論をうち出したんです。

柳田の格闘のやり方ですが、対決極力回避型と私は呼んでいます。対決を恐れるんです。日本人は自分より偉い人あるいは自分と同等の人には、決してＮＯと言えませんね。「ＮＯと言える日本人」とかいうことを言う人もいるけど、あれは言えないからＮＯと言える日本人になろうという話だと思います。ＮＯと言えば対決することになる。対決すれば、そちらの人が強い場合には自分は滅ぼされる。だから、「はい、はい、何でもはい」といっておく。面従腹背っていうんですか、「はい」と言って後ろで舌を出す。でもそれはいいこともあります。たとえば隠れキリシタンの伝統は、私はこれは日本文化のすばらしいものだと思うんです。私はキリシタンですって言ったら、禁制の時代には、一族みな殺しになります。それですから、私は毎日観音様を拝んでおりますと言う。前面は観音様で、後ろはマリア様です。そうすることによって自分の信仰を守ったんです。これは日本の文化のすばらしい伝統だと思うんです。柳田はまさにそれなんです。なにしろ対決しない。違うものも同じもの、同じものも同じものになるわけなんです。そして間をぼかす。『先祖の話』という本があります。これは戦争の末期に柳田が書いたものです。戦争の末期に書いたのはなぜかといいますと、若い人たちが戦争に出て行きます。柳田さんの長男の為正さんも戦争に行きました。無事に帰ってらっしゃいましたが。戦争に行って多くの若者が死んだわけです。それに耐えられなくて、日本人っていうのは死んでも生きるってことが言いたかったわけです。日本人の信仰は死者と生者は共にある、死んだ人、ことに家族が死んだ場合、その家族が生きている人たちを守ってくれる。そしていつでも身近にいて呼べば答えてくれるという信仰です。人間の一生は今七〇年八〇年になっていますけど、一人一人の人間がもっている志はそんなちっぽけなもんじゃないんです。昔は人生五〇年でした。志は自分の一生より大きいんです。ですから、今際の際に、「私はこういうことをしたかったんですよ」と言うと、息子や娘たちが聞いていて、その人が死んだ後で、その志を継いで行く。また日本には、生まれ変わりの信仰があります。たとえば私は、私のおばあさんが死んですぐ二ヶ月くらい後に生まれたんです。あなたはおばあさんの生まれ変わりだよと言われて、私はずっとそう思いこんでいて今でもそう思いこんでますよ。おばあさんは、こういう人だったんだよ、こういうことがしたかったんだよと言われてきて、今までずっと私はおばあさんの志を継いで生きていると思ってるんですよ。不思議でしょう。そうなんです。

　こういう話を講義の中でしたことがあるんです。日本人の宗教心ということについて、そうしたらアメリカ人のカトリックの神父様がいらっしゃいまして、修論をお書きになったんです。ご自分の教会の百人のカトリック信徒にインタヴューしましてね、「死んだ人はどこに行ったと思いますか?」と聞いたら「身近にいる」と答えた人が八〇パーセントだった。「死んだ人の念は大事だと思いますか?」「大事だと思う。大変影響を受けている」って言う人がやはり八〇パーセント、その他、柳田の言っていることを全部インタヴューしたらカトリック信者でありながら、日本人の土着の信仰をもっている人が大多数であった。先祖崇拝っていうのは後向きではなくて、前向きの思想なんですね。自分が死んだ人の念を受けて、その考えを自分なりに伸ばして生きてゆく、これが日本人の歴史観なんです。そういう考えをもっている人が非常に多いということをその神父様は発見なさったんです。

　これは柳田が『先祖の話』の中で、書いた伝統的な日本人の信仰と一致するのです。そういう信仰をもった日本人がお葬式に何をするかというと、多くが仏教のお坊さんを呼び込むんです。そして仏教のお坊さんは、厭離穢土、欣求浄土を唱えます。この穢れた俗世を一刻も早く離れて、遠くの浄土をよろこび求めてゆきなさい。それは早ければ早いだけよろしいと。そういうお経を読むのです。「あぁどうぞいつまでも私の亡くなったおじいさん、おばあさん、お父さん、お母さんが、私の身近にいていつまでもお守り下さい」と心の中ではお願いしてい

郵便はがき

料金受取人払郵便

牛込局承認

7587

差出有効期間
令和5年3月
31日まで

162-8790

東京都新宿区
早稲田鶴巻町五二三番地

(受取人)

株式会社 藤原書店 行

ご購入ありがとうございました。このカードは小社の今後の刊行計画および新刊等のご案内の資料といたします。ご記入のうえ、ご投函ください。

お名前	年齢
ご住所 〒 TEL E-mail	
ご職業(または学校・学年、できるだけくわしくお書き下さい)	
所属グループ・団体名 連絡先	

本書をお買い求めの書店	
市区郡町 書店	■新刊案内のご希望 □ある □ない ■図書目録のご希望 □ある □ない ■小社主催の催し物案内のご希望 □ある □ない

書名

読者カード

●本書のご感想および今後の出版へのご意見・ご希望など、お書きください。
(小社PR誌『機』「読者の声」欄及びホームページに掲載させて戴く場合もございます。)

■本書をお求めの動機。広告・書評には新聞・雑誌名もお書き添えください。
□店頭でみて　□広告　□書評・紹介記事　□その他
□小社の案内で　(　)　(　)　(　)

■ご購読の新聞・雑誌名

■小社の出版案内を送って欲しい友人・知人のお名前・ご住所

お名前

ご住所 〒

□購入申込書(小社刊行物のご注文にご利用ください。その際書店名を必ずご記入ください。)

書名	冊	書名	冊
書名	冊	書名	冊

ご指定書店名

住所

都道府県　市区郡町

るときに、「遠くの方へ早く行け早く行け」とお坊さんは唱えているのです。これはすごくおかしいことです。皆さんお笑いになるでしょ。笑っていただくのはとてもうれしいです。というのは皆さんやっぱりアリストテレスの論理学によって考えていらっしゃることがわかるからです。ところが柳田はそうは考えていません。あっちへ行けって言いながらここに留まってほしい、それが両立するんです。柳田はそこになんと書いているかと言うとね、「これはお坊さんのお経がサンスクリットであってチンプンカンでわからない。だからちょうどいいのである。」これは学者としてはね、何と言いますか無責任であると思うんですね。そこの間の矛盾を追求すべきなんです。日本人の信仰はなぜこういう風になっているかと。

第二次世界大戦の戦犯で、東京裁判だけでなく、フィリピン、中国、インドシナ、ビルマ、オーストラリア等で戦争裁判にかかって死刑に処せられた旧日本軍人・軍属が一〇〇三人いるんです。その中の八〇〇人あまりが遺書を残したんです。私はその遺書の分析をしたことがあります。たとえば、「私はモンテンルパ〔フィリピン〕の監獄に来て、牧師さんがいらしてキリスト教になりました。ですから私はたとえ明日死刑に処せられても心安らかに天国にいきます。〔長い手紙ですからまん中へいくと〕私は日本にいたときは仏教徒でした。ですから死んだらかならず極楽浄土に行くでしょう。〔そして一番最後に〕明日にでも私は死んだら私の魂はすぐに家に帰ります。私がいつも歌を歌っていたあの故郷の裏山に行きます。そしてそこからあなたがた家族を永久に見守ります。」これは笑い事じゃないんです。ほんとうに真剣なんです。なにも漫画ティックにやってるわけじゃないんです。明日死ぬかもしれないという人たちが家族に遺書を書いてるんです。これが一番多い型なんです。そうしますと、魂が幾つにも分かれてあっちこっち行くんです。それで信仰はいろいろな神様や仏様があって、たくさんあって守ってくださればくださるほどありがたい。多々ますます弁ずという宗教なんです。これを非排他的宗教という風に私の先生、プリンストン大学の社会学教授のマリオン・リーヴィは呼んでいます。キリスト教やマホメット教は排他的宗教。唯一の神を信じたら、同時にそれ以外の神を信じることは偽善である。ところがもう一つ別な宗教は、一つの神を信じたらあと幾つ神があってもいいのです。これは二つの宗教の信仰の型であるということを言っているんです。まさにこの非排他的宗教の典型を表しているのが柳田国男なんです。これはぼかしの論理です。つまり、これとこれは違うということをはっきり筋を引くというのが、アリストテレスやデカルトのやり方なんです。明晰にして判明なる概念。ところが、柳田のやり方は排中律を排す。つまり、Aが真であったらBは偽である。もしBが真であったらAは偽である。そういう二者択一の論理ではなくて間がある。AでもないしBでもない。両方ごったごたにして一緒にしたようなものの中に真理があるという。それをぼかしの論理と私は呼んでいます。

長い間、日本人の考えはぼかしの論理だからだめだ、科学には向かないという風に言われていたんです。ところがどうでしょう。最近、アメリカのシステムエンジニアのザデー（Zadeh）がファジー・ロジックということを言いだしたんですね。日本でこのファジー・ロジックを分かりやすく説明してくださったのは、現在上智大学の名誉教授で理論物理学者の柳瀬神父様です。この方の『現代物理学と新しい世界像』という本が岩波現代新書に出ております。ザデーは排中律を排すということを言ってるんです。日本では今「ファジー扇風機」とか「ファジー掃除機」とかいろいろ出ているみたいで、今も流行っているんですが、ザデーはアメリカではあまり流行らなくなって日本にくるとすごく流行るんだそうです。つまり日本に合ってんじゃないかと思うんです。たとえばこの部屋の温度は何度でしょうか。冷房が入ってるから、二〇度かそのあたりでしょうね。あっ、あたりって言っちゃだめなんです。それはファジーなんですね。寒暖計を見れば分かります。ここに二〇度と決めましょう。ところがね。私が立っているところと皆様方の座ってらっしゃるところと、私の頭のてっぺんと足の先と違うんですね、それぞれ。だから寒暖計でこれは何度と切るのはリアルではない。現実を的確に表しているものではない。現実は、だいたいここは一八度と二一度の間でございますと言うとよろしいわけです。「二〇度である。二〇度でない。その中間は無い」ということは、現実について言えないということを言ったのがザデーなんですね。ファジーっていうのは、中間に曖昧な領域があることを認めるということで、これは排中律を排すなんです。柳田は排中律を排する点ではザデーと同じです。ところがその上に矛盾律も排してしまうんです。死者の魂が生者の身近に留まるのと、同時にキリスト教であることとは、矛盾です。でも彼は矛盾律まで排してしまう。ちょっと行き過ぎかもしれない。ザデーの向こうに行っているんです。私はこれを一つの創造性の型として考えることができると考えます。というのは、ファジー・ロジック（曖昧論理）が、アリストテレスの形式論理学だけではとらえることのできない現実をとらえる論理であるという風に今言われていますね。その意味では柳田はザデーより前にその論理を使っていた。しかもその向こうに行くものを使っていたと言えます。

4 異文化のぶつかりあいの中から生れる創造性
——南方曼陀羅

配られている絵（次頁）をご覧下さい。変な図が四つ出ているのをご覧下さい。その下の方が**図3**、**図4**です。十九世紀末までの、これは二十世紀にいささか入りますけれども、少なくとも十九世紀末までの西欧自然科学は因果律を調べることが科学の究極の目標だと考えたわけです。因果律とは何かと言うと、一つの原因に対して必ず一つの結果がある。そしてその原因と結果との関係は必然的なものである。必然的にこういう原因があったら必ずこういう結果がある。こういう結果があったら必ずこういう原因から発したものであると、原因と結果の一対一の対応関係とその間の関係の必然性を強調するのが因果律です。因果法則を調べるということが科学の究極の目標だったわけです。そういう中で南方はロンドン

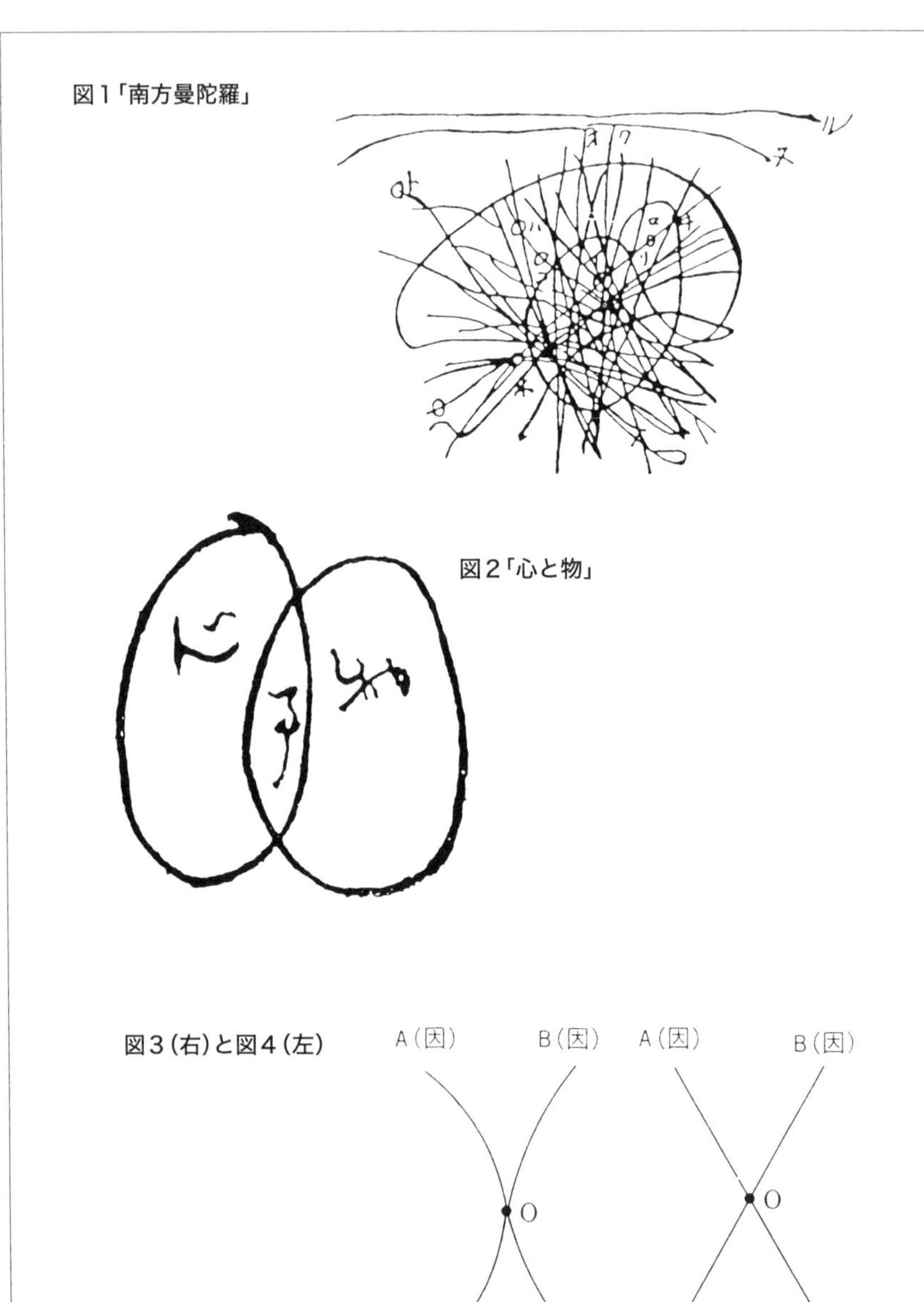

図1「南方曼陀羅」

図2「心と物」

図3（右）と図4（左）

にいて勉強していたわけです。

ところが南方の心の中には、それは幼児の体験としてあったんで敬虔な信者だったんです。それから、お経の写本をやってます。それでまず仏教一般について言うと、仏教は因縁を言う。因縁の因は因果律の因である。つまり必然法則。ところが、縁がある。袖振り合うも他生の縁とか、縁側とか、いいご縁で片づきましたとか。そういうことがよく言われます。その縁とは何かということを南方は考えたんです。それは必然性に対する偶然性であると読み解いたんです。これは大変なことなんです。今ではそんなことを言っても大変だとは思わないんです。私たちはいま二十世紀の終わりから二十一世紀目指して生きておりますので、偶然性と必然性と両方あるということを言っても私たちは当たり前だと思います。どうしてそんな当たり前のことが独創的なのでしょうか。それは因果律が究極の真理であると考えられていた時代に、偶然性に着目したからです。

昨日からプリゴジンがテレビで始まって、中村桂子さんがプリゴジンにインタヴューしていらっしゃいました。難しい理論をやさしく分かるように話してくださるんで、たいへんおもしろくて見ていたんですが。なにしろプリゴジンが今は出てきたんだけれども、それよりも百年近く前の話です。その百年も前に、偶然と必然と両方とらまえなければ自然界の現象も、まして社会の現象も分からないではないかと言ったのです。今日皆様と私がこうしてお会いしたのも偶然です。だけど偶然にこうお会いして大した結果は現れないんですが、大した結果が現れるときがあるんですね。たとえば若い人がはじめてもらったサラリーを持ってお母さんの母の日のプレゼントをしようと思ってデパートに行って買い物をすませて出てきた。そしたらそのデパートのてっぺんからサラ金に追いまくられてもう死ぬよりしかたないという人が自殺するためにポトンと落ちてきた。それでこの人にぶつかって二人とも死んじゃった。自殺したかった人は思いを遂げたんです。ところが殺された若者は思いを遂げられなかったんです。せっかくお母さんにプレゼント買ってきたのに死んじゃったんです。これは偶然でしょう。偶然の出会いによって全く違う方向に行ってしまう。そういうことがたくさんあるのだとすれば、必然だけで社会の現象はとらえられないではないか。

南方がこの図を描いたのは一八九〇年代です。まだロンドンにいたころにパリの土宜法竜宛書簡に**図3**、**図4**を描いたんです。**図3**の方はAからA′に行くというのが因果です。必然方向です。それからBからB′も因果です。ところが、因果と因果、AからA′へ、BからB′へというこの二つの因果系列がある時点で偶然出会うんですね、Oという時点で。ところが偶然出会うけれどもお互いに影響しあわない出会いもあるということなんです。一方、**図4**はAからA″へ行こうとして、BからB″へ行こうとして、Oというところで偶然出会うことによって曲げられちゃうんです。こういう出会いもあるんです。相手に非常に大きな影響を与えてしまう。**図2**の「心と物」は今日は省きます。一九〇三年になって描いたのがこの**図1**なんです。**図1**が、南方曼陀羅。中村元先生がこれが南方曼陀羅でございますねと、これをお目にかけたときおっしゃったので、私はこれを南方曼陀羅と呼んでおります。ちょうどこれがこの仏教の曼陀羅図に対応するんです。この曼陀羅図は真言密教の場合はまん中に大日如来がいるんです。そして諸仏を配置したものです。曼陀羅っていうのは、これが非排他的宗教のひとつの典型だと思うんですけれども。インドで仏陀があらわれて仏教を創唱したときに、様々なインドの土着宗教があったわけです。ちょうど日本の石ころだとかいろんなものがあってそういうものを信心するのと同じようにウジャウジャと神様がいたわけです。それからジャイナ教もあったし、ヒンズー教、名もつかないような様々な神様がいたんですね。そういうものを排斥しないでまず大日如来をまん中に置いて、そういうものを全部配置してみたらどういうものができるか。諸仏、諸菩薩の配置図なんです。曼陀羅とは何かというと、自分の哲学、世界観に従ってそれぞれの人が森羅万象の配置図をつくったものが曼陀羅であるというのが一番一般的な定義になっております。南方は真言密教の曼陀羅を考えていますから、まん中には大日如来がいるわけです。そして今度は因果というものを、偶然性と必然性と両方あるということをこのメッチャクチャな図にしたんです。これをもって自分の学問の方法論とする。曼陀羅の手法をもって研究をすると研究が進むということを言ったんです。これはイ、ロ、ハ、ニと書いてあるんですけれどもとてもよく分かりません。山田慶兒さんはこれを拡大鏡で見たけどよく分からんと言われました。まん中に黒いところがあるんです。それを萃点と言うんです。萃はあつめるっていう字です。真言密教曼陀羅図では大日如来にあたるところなんです。つまり、さまざまな因果系列、必然と偶然の交わりが一番多く通過する地点、それが一番黒くなる。それがまん中です。そこから調べていくと、ものごとの筋道は分かりやすい。すべてのものはすべてのものにつながっている。みんな関係があるとすればどこからものごとの謎解きを始めていいかわからない。この萃点を押さえて、そこから始めるとよく分かるのであると言うのです。最近、山田慶兒さんから示唆していただいて、私はまだちゃんと取り入れてないんですけど、この南方の曼陀羅の図は曲線と直線の集合から成っている、ということです。なるほどねと思ったんですけどね。そうするとこれがちょうどつながるんです。**図3**の方は、偶然に他の因果系列と出会うことによって曲がってしまうのが曲線。まっすぐに行くのは直線で、これは必然です。偶然によって曲がってしまったのと、直線によって表される必然とを両方一緒くたにしてみると、こういう図になるというところまでは分かったんです。これをもっとちゃんとした曼陀羅図にしなければならないと思うんです。

因果律と因縁とを格闘させる、つまり南方は西欧自然科学の方法と仏教の論理とを自己の中で格闘させたんです。そのことによって必然性と偶然性とを同時にとらまえる方法のモデルを編みだした。これが非常に独創的であると言いますのは、当時は必然性の論理がパラダイムとして君臨していた時代です。そして偶然性ということが科学の上で非常に大事であると言われてくるのは一九〇五年です。アインシュタインの相対性理論とかブラウン運動とかそういう相対理論が出てきて、初めて必然性だけではとらえられないのではないかという問題が出てきたんです。ところが必然性と偶然性との関係について考えるということがはっきり現われたのは、たとえば生物学者のジャック・モノーです。『偶然と必然』という本が一九七〇年に出ました。南方はこのことを論文に書かなかったんです。これは土宜法竜宛書簡に書いてあるんです。半紙に二〇枚、三日間寝ずに書いたと言います。細かい筆の字で二〇枚ですから、これは論文と言ってよいものです。一九〇三年に書いております。モノーが「偶然と必然」といってこの両方をどうとらまえるかという問題を提出したのは一九七〇年です。しかし、必然性のパラダイムが揺らぎ始めたのは一九〇五年あたりです。そして南方熊楠よりもちょっと前に偶然性ということを言い出した人がいるんです。でもその論文を南方は読んでないんです。それはアメリカの数学者パース（Charles Sanders Pierce）です。一八九二年に"The Re-consideration of Necessity"（「必然性を再検討する」）という小さい論文を書いてます。その中で"real chance"ということを言っています。リアル・チャンスというのは、人間が必然性をつかめないから偶然だと思うのではなくて、現実の中に偶然があるということをパースは初めて言ったんです。これはほんとうに世界の科学哲学思想上はじめてのことだと思います。南方はブールは読んでますけれどもパースは読んだ形跡がありません。同じような時期に、新らしい風が吹くのだと思います。風が吹いてその風に当たって、それこそもやもやとした内念として偶然性が沸き上がってきたものであったろうと思うんです。南方には真言密教というものが根にあったからその想念が出てきたんですね。明晰にして判明なる概念で仏教のもっていたもやもやした論理を突き詰めてゆこうとしたのが一九〇三年のモデルだと思うんです。そしてもう一人、西欧の学者で曼陀羅を真剣に取り上げたのはカール・ユングです。ユングは、無意識と意識との関係について曼陀羅をとりあげています。南方は胎蔵界曼陀羅と金剛界曼陀羅が一緒になって両界曼陀羅を育成するというところから意識と無意識との関係を曼陀羅の方法論の中にとり入れています。"Mandala Symbolism"をユングが出版したのは一九五〇年です。

必然性と偶然性をいっしょにとらえる方法を科学は目指さなければならないということを西欧の科学者が言い始めたのはだいたい二十世紀の半ばごろなんです。それを南方は非常に初歩的な形ではあれ、二十世紀の初頭に考えたという意味で、私は南方が創造的である、と考えております。その創造性は、異質なもののぶつかり合いの中から出てきた。ユングもそうですね。ユングは仏教の曼陀羅図を見せてもらって非常にびっくりしたんですね。それでこれを自分が描いてみようと思って、いろんな曼陀羅を描いて、『マンダラ・シンボリズム』という本を著わしたわけです。ですから異質な文化に対して寛容であること。それを排除しない。そして異質なものとの格闘の中から新しい考えが生まれるというふうに言えると思います。

5 自然とのつきあいの中から生れる創造性

残された一〇分間で今西錦司と南方熊楠との創造性を申し上げたいと思います。南方の場合には、自然の中を歩く、そして動植物を採集するということをずっとやってきたわけです。とくに粘菌の採集と研究がこの人の一番目指すところでした。南方が神社合祀反対運動に「修羅を燃やした」のは、自然との長いつきあいの体験に基づいているということができエコロジーの立場にはっきり立って、自然保全運動をやった日本で最初の人が南方熊楠です。

神社合祀令は一九〇六年に始まりました。日本では一つの自然村には必ず一つの鎮守様がありました。一八八八年の市制町村制の施行以来つぎつぎに町村を合併してきたわけです。町村を合併していますと、一つの村や町に産土社（うぶすな）がいくつもできてしまいます。そんなのは無駄だから一町村一社とすべしと、勅令によって命じたのです。これはキリスト教に対する誤解と日本人の信仰に対する誤解に基づいて明治政府がやったことなんです。中央集権化してゆくためには、小さい社をどんどん壊していって一つの神社にまとめてゆくことが大事なことだと政府は考えたのです。産土を壊すということは、産土社、又は鎮守様は必ず杜に囲まれています。雑木林に囲まれているんです。日本の農業は水田耕作を主としていましたから水が大事なんです。江戸時代に新田開発によって村をつくる時にどこから水が出るか、その湧き水が出るところに産土の神社を作って、そのまわりに木を植えまして、そしてその木をこれは神様のヨリシロであるから、切ってはいけないというタブーをつくってずっと鎮守の杜を守ってきたために水が保たれたんです。それを伐採してしまうことになると水が渇れる。

それから、南方が困ったことは、粘菌の研究です。高層（一番高い木）、中層（中くらいの木）、低層（低い木）、そして一番下に苔があるんです。植生の一番下のジメジメしたところに粘菌は出てくるんです。もしこの高、中、低の木を切ってしまったら、下のジメジメした湿地はなくなっちゃうんです。みんなカラカラに渇いちゃうと、もう粘菌は出てこない。そうすると自分の研究ができない。学問上困るというだけではなくて、この人は山歩きをすることによって自然というものは全体として保全されるのでなければ破壊されるのだと、自分の身をもって感得していたのです。私も熊野の原生林を歩いたことがありますけれども、南方は毎日そこを歩いたんです。なぜ粘菌に彼が興味をもったかというとそれは生命の原初形態だからなんです。南方はそれを原始動物と呼んだんです。それに対して宮内庁生物学御研究所の御用係であった服部広太郎さんという生物学者が、天皇に粘菌の標本を献上しようとした南方に、彼は原始生物であると書きなさい、動物ではないと言ったんです。粘菌は植物か論争になったんです。ところがその論争がいまどうなっているかというと、決着がついてないんです。これは独自のジャンルを打ち立てるべきものであると書いてある本もあります。神谷宣郎先生、大阪大学の名誉教授で、粘菌の研究で国際的に知られた方ですが、その方のご本を読みますと、動物と植物との中間の生物であると書いてあるんです。これはおもしろいです。つまり排中律を排するってことなんですね。だから明晰にして判明なる概念でとらえることはできない。アリストテレスの形式論理学ではとらえることのできない、むしろファジー集合としてとらえることのできる、そういう生物なんです。

粘菌は最初は、痰のようなもの、複数の細胞が融合してしまって流れる痰のようなものになっている。それでその痰のようなときが粘菌が本当に生きているときで、動いていって食べ物を食べる。食べ物を食べて、今度は仮死状態になって、そのときに茎が出てきたり胞子が出てきて、きれいな――隠花植物ですから花は咲かないんですけれども――いろんな色の胞子、胞嚢を出していくんです。だけどもそのときには動かないんです。南方が言っているのは、痰のような、人々がなんだこんなものは死んだも同然だと思ってるときにじつは動いていて生きている。ところが仮死状態になって茎を出したり胞嚢を出したりしているときに人は粘菌が生えてきたという。これは全然まちがっているんだと。そういうものが出てきたときには、つぎに胞子をまき散らして自分が繁殖するための機会を待っているのであって、それは仮死状態である。死んでいるときに生きていると言い、生きてるときに死んでいると人間がみる。これはおかしなものなのだということを言っているんです。

今、生命倫理が問題になっていますが、人間がどういったときに死んでいるのか、生きているのかということを言うのは難しい。明晰にして判明なる概念とか排中律をもって、これが生、これが死であるとかはっきり区切れないものではないか。それが生命の原初形態としての混沌状態ではないか。生と死の間はファジーなものではないか。それをはっきり区切ることでかえって間違ってしまうのではないかということをこの粘菌の研究の中から南方は考え出したということが言えます。粘菌という「原始動物」を保全するためには植生の全体としての保全が必要だと説いたのです。分析的アプローチだけでは自然科学も社会科学も成り立たないのではないか。全体的な把握を目指す接近 (holistic approach) が自然をあるいは社会をつかまえるときに非常に大事なのではないかと南方は言って、それを身をもって実践したのが神社合祀反対運動であったわけです。

今西錦司の場合も、最後に「自然学の提唱」を宣言しました。そして自然科学を自分はやめると言いました。自然科学とはどうしても小さいもの、小さいものへと分析するのでなければだめなのではないかと言ったんです。理性的認識だけでは人間も自然もつかむことはできないのではないか。デカルトが「我思う故に我あり」と言ったのは、あれは理性偏重ではないか。そうすれば人間だけが我思うんで、言語をもっている人間だけが考えることができる。だから動物はだめだということになるけれど、「我感じる故に我あり」というふうに置くべきではないかと、最後にはデカルトにさかのぼってそういうことを言っています。植物も人間も直感をもって生きてきた。我感じる故に我ありといえば、植物だって人間だって平等につきあえるわけです。理性を排するのではないけれど、知的認識だけでは人間は二十一世紀に向かって生きていかれないのではないか。感覚と直感をもって動物がいかに長い間、人間よりもっと長い間この地上に生きてきたかということなんです。人間が生きてきた時間のほうがずっと短いんですから。動物と植物の蓄積された知恵にもまた人間が学ぶということが必要であるということを言ってるんです。「それにはもう私は科学を捨てました。自然学というふうにして、自然科学の科を捨てます。」ということを、お亡くなりになる二、三年前から宣言しておられます。この『自然学の提唱』はすごくおもしろい本ですから是非読んでください。

私は今西錦司と南方熊楠の話をブラジルのベレンで一九九二年四月に開かれた、ユネスコ主催の環境倫理の国際会議でしたんです。そうしたらとてもおもしろい反応がありました。アルゼンチン出身でパリのポリテクニークの生物学教授のフランシスコ・ヴァレラさんが「今西錦司が科学を捨てたというのは早まった考えだ。今西錦司の『科学』の考えかたは古い。今の科学は holistic approach（全体的な接近法）でこれからはやっていくという考えに立っているのである。」と言って下さいました。私たちが日本の伝統とか東洋の伝統とかいうものと、私たちが今まで考えていた西欧の科学との対決を今西錦司も南方熊楠も柳田国男もやっていたんです。それが彼らの独創性の一つの非常に大きなテーマだったんです。ところが、最近では、西欧の先端の学者たち、たとえばプリゴジンも昨日さかんにholistic approachということを言っていました。自然は全体的な把握が必要であると言い始めています。それから偶然性ということもプリゴジンは言ってました。今西錦司とか南方が言っているようなことを、今は西欧の先端の科学者が言って下さるようになってきたということは、これから人類そして生物の将来を、二十一世紀に向けて考えるときに、私はとても大事なそして希望のある一つの道だと思います。どうもありがとうございました。

Photo by Ichige Minoru

幕間

辺境から風が吹く

南方熊楠は、長い間無視されるか、誤解されるかしつづけてきた。熊楠ブームといわれる今日でさえも、誤解はつづいている。それは、熊楠は奇人変人である。博覧強記ではあるが、理論がない。そのためにそのきらびやかな博識は、かえって悲しみをさそう、という誤解である。

わたしは、南方には、理論があった、と考える。しかし、かれはその理論を論文の形で発表しなかった。その理論には、二つの面がある。第一は、南方曼陀羅とよぶかれの方法論である。第二は、日本ではじめてはっきりとエコロジーの立場に立って、自然保全運動を展開したことである。第一の南方曼陀羅は、当時の仏教界きっての学僧、土宜法竜あて書簡の中で、一八九三年のロンドン滞在期から一九〇三年の那智隠栖時にかけて、一〇年にわたって熟成された。第二のエコロジーは、神社合祀反対運動の中で、これもまた一〇年の幅で展開された。この二つは分ちがたく結びついているのだが、ここでは南方曼陀羅についてのみ語ろう。

南方は、一八八六年、二十歳でアメリカに渡り、さらに一八九二年から一九〇〇年までロンドンに滞在した。この間南方は主として大英博物館に通って、当時めざましい発展をしていた生物学を中心とする自然科学、勃興期にあった人類学、民俗学、社会学などさまざまの領域の古今東西の書を、数ヶ国語で読破し、筆写した。さらに、『ネイチャー』および『ノーツ・エンド・クイアリーズ』等の学術誌に寄稿して、筆をもって、イギリスをはじめヨーロッパの学者たちと論争する習慣を身につけた。帰国後もこの習慣は、第二次世界大戦勃発まで渝(かわ)ることはなかった。

南方は、アメリカ、イギリスに旅立つ以前に、幼い時から、両親によって真言大日如来の信仰を、和歌山市の町の旦那衆からは心学の訓えを、物語のかたちで深く植えつけられていた。ロンドンで読書と論争を通して学習した近代西欧科学の方法論と、幼時から身につけていた大乗仏教の思想とを、ロンドン在住時から、熊楠は自己の中で格闘させた。十九世紀の西欧近代科学の方法論は、因果律の探究であった。それは、ものごとの原因と結果との間の一対一の必然的な関係を発見し、定式化することであった。これに対して、仏教は因縁をいう。因は因果律であって必然性である。縁は偶然性の探究である。自然現象においても、社会現象においても、すべてが必然法則で動いているわけではない。必然と偶然との複雑なからみあいによって、自然の事物も、人間関係も、そして人間の外界の事物に対する認識の仕方も、変化しているのだ。そうだとすると、仏教の論理のほうが、近代科学の方法論よりも、事象をとらえるのにすぐれているとはいえないかと南方は喝破した。そして、大乗仏教の曼陀羅を、必然と偶然とを同時にとらえる方法論のモデルとして読み解いたのである。一九〇三年七月十八日付で、那智から高野山の土宜法竜あてに書いた長い書簡の中に示された「南方曼陀羅」の図がある。南方は、この方法論を自在に駆使して、「十二支考」、「燕石考」、「神跡考」等々の地球的規模の比較民俗の多くの傑作をあらわした。これはまさに、世紀の変り目のパラダイム（特定の科学者集団が共有する基本的な考え方および謎ときの方法）転換を予兆する理論構築への壮大なこころみであった。

十九世紀の西欧科学の基礎をなしたのは、ニュートン力学であった。ニュートン力学の中心は、天体の運動にかんする必然法則の探究であった。ところが、十九世紀の終りになって、熱力学の領域では、気体分子の運動について、個々の分子の運動を実際に記述することはできないが、同類の分子の集りの運動を統計的分布をもって測ることができるとして、ボルツマンとマックスウエルによる統計的力学が誕生した。そこでは、確率の概念が使われており、確率には偶然性が含意される。

偶然性の問題がより鮮明になったのは、プランクの作用量子の仮説（一九〇〇年）、アインシュタインの光量子説（一九〇五年）、およびディラック、ボーア、ハイゼンベルク、フォン・ノイマン、ウィグナー等による量子力学の形成（一九二五―三〇年代）以降のことである。

物理学以外では、生物進化の領域で、ジャック・モノーが『偶然と必然』と題する著作をあらわしたのが一九七〇年である。心理学の分野では、カール・ユングが『マンダラ・シンボリズム』を発表したのが一九五〇年で、一九五二年には、「シンクロニシティ」（共時性）という概念（それぞれ独立した出来ごとが、ある時点で同時に起きること）で、偶然性を説明している。いずれも熊楠が曼陀羅図を法竜に書き送るよりずっと後のことである。

しかし、熊楠とほとんど同時代に、偶然性に着目したアメリカの科学哲学者がいた。チャールズ・サンダース・パースは、一八九二年にアメリカの学術誌『モニスト』に「必然性論」という論文を発表した。その中で、「実在する偶然性」ということばを、はじめて使っている。この中でパースは、ものごとの必然的な関係が、人間には認識できないためにこれは偶然おこったことだ、というだけではない。偶然のできごとは、自然界に実在するのだ、ということを論証しようとした。南方がロンドンで、偶然性のことに気付きはじめたのが一八九三年で、それを図であらわしたのが、一九〇三年であったから、パースとほとんど時をおなじくするといってよい。パースはアメリカのニュー・イングランド、熊楠は日本の和歌山県那智、といういずれも当時は世界の学問の辺境から発信したのである。そうした初発のひらめきは、二十世紀に入ってから、物理学の領域で、画期的なパラダイム転換をもたらした。

今、わたしたちは再び世紀の変り目に立っている。「カオス」という新らしいことばが出現した。ここでも偶然と必然、秩序とゆらぎの複雑な関係の謎ときがおこなわれている。二年ほど前に、プリゴジンが来日して、NHKテレビで中村桂子さんと対談した。最後にプリゴジンは、「わたしは生物学のおかげをこうむっています。粘菌の研究をしていると、偶然性の問題、カオスの問題が、非常によくわかります」としめくくった。わたしはおどろいた。一〇〇年へだてて、南方熊楠とプリゴジンが、むすびついたのだ。まったく偶然に。南方が曼陀羅を偶然と必然とを同時にとらえるモデルと読み解いたのは、大乗仏教とともに、かれの粘菌観察が大きく寄与していることにあらためて気付いた。南方熊楠は、二十一世紀のパラダイム転換にむけて、今なお新鮮な風を送っている。

熊楠には理論があった――『十二支考』

南方熊楠は、その生前も死後も、長いあいだ無視されるか、誤解されるかしつづけてきた。熊楠ブームといわれる今日でさえも、その誤解はつづいている。比較的はやく南方に着目した桑原武夫や益田勝実でさえも、南方は博覧強記であるが「理論がない」と嘆いている。そのことは、とくに『十二支考』において顕著であると指摘されてきた。

わたしは、南方には理論があったと考えている。その理論は、論文の形をとらず、土宜法竜宛書簡の中で、一八九三年のロンドン滞在期から一九〇三年の那智隠栖時までの一〇年間にわたって熟成された。一言でいえば、「南方曼陀羅」である。南方は、大乗仏教の曼陀羅を、必然性と偶然性とを同時にとらえることのできる方法論のモデルとよみ解いたのである（一九〇三年七月十八日付書簡。『南方熊楠　土宜法竜　往復書簡』八坂書房、一九九〇年）。

十九世紀の西欧科学の中心は、因果律（必然性）の探究であった。偶然性が注目されはじめたのは、二十世紀の相対性理論と量子力学以降のことである。したがって、南方が偶然性と必然性の関係に着目したのは、二十世紀への世紀の変り目のパラダイム転換を予見していたことになる。

『十二支考』は一九一四年から二三年にかけて書かれた。そこでは、南方曼陀羅が、地球的規模での比較民俗学の方法として駆使されている。とりわけこの手法が成功しているのは、「田原藤太竜宮入りの譚」である。竜は昔から中国に起源して、インドや日本など東洋特有の想像動物だと思いこまれていたが、そうではない。実は、「東西南北世界中に古来その話がある」ことを南方は史話、伝説、絵画などによって広く例証する。そのうえで竜とはいったいどんな実在の動物をもとにして人間が創造したものか、さまざまな爬虫類と爬虫類に似た魚類――蛇、大とかげ、わに、さめ等々――の地球上の分布と、それぞれの地域の民話や絵画や彫刻等を照合する。一つの地域で謎が解けると、それがカギになって、他の地域でもおなじような謎を解くことができる。こうした関連謎解き法によって、田原藤太秀郷にむかで退治を頼んだ竜とは、海蛇であり、秀郷が退治したむかでは、蜈蚣鯨（ゴカイ類）であったろうという結論に、南方は達した。

インド、アラビア、東南ヨーロッパ等では、竜蛇が海底に財宝をかくし持つという話が多くある。それと関連して、秀郷が招かれた竜宮は琵琶湖底であったろうと南方は推論した。『十二支考』は、南方の財宝のかくされた「竜宮」である。そこには、南方の独創的な理論ないし方法論が覆蔵されている。ゆっくり読んでそれをひき出し、再構築するたのしみがある。それは、再び世紀の変り目のパラダイム転換をめざす、わたしたちの道しるべとなるだろう。

（一九九五年三月十五日）

熊楠に寄せて

地球守りびと

熊野なる原生林を踏破せし熊楠の霊は山に籠れる

海底(うなそこ)の美しき生命(いのち)究めたるクストーは今海に還るや

山へゆき海にかえりし熊楠とクストーはともに地球守(も)りびと

（『鶴見和子曼荼羅Ⅴ　水の巻』一九九八年、藤原書店より）

父と娘

南方文枝ぬし二〇〇〇年六月十日逝去

大学にゆかざりしゆえ意表つく大学者となりし南方熊楠

曼陀羅は科学論理とひらめきて謎解きをせし南方熊楠

女性(にょしょう)なれど熊楠の面輪凛として受けつぎし人南方文枝

熊楠の書庫を守りてひたぶるに探求の道照らし給いぬ

熊楠がこよなく愛(め)でしみ庭べの安藤蜜柑もぎて給いぬ

熊楠がお花と呼び育てたる亀の曾孫(ひまご)を育て給いき

熊楠が生命をかけて守りたる神島(かしま)の森に波打ち寄する

高山寺のおくつきどころ父君とともに見まさむ神島の森を

アラスカの大氷原に沈む日の沈みしのちにまかがやく空

熊楠父子かがよいてあれアラスカなる大氷原の落日のごと

（『短歌朝日』二〇〇〇年十一・十二月合併号より）

III　南方曼陀羅

――未来のパラダイム転換に向けて――

附記　この小論文は、脳出血で倒れる三ヶ月前の一九九五年九月十一日〜十四日に、国連大学とユネスコ本部の共催で開かれた「科学と文化」のシンポジウム（於・国連大学）で発表したものである。原文は英文で書かれたものをこのたび邦文にした。わたしの最後の論文となった。

これは、日本における民俗学の草分けであり、また微生物学者でもあり、森林保護などのエコロジー運動の先駆者でもあるという珍しい組合せの経歴を持った人物の物語である。その名は南方熊楠（一八六七―一九四一）。一九八三年の英国民俗学会の会長就任講演で、カーメン・ブラッカーが「埋もれた日本の天才」と呼んだ人物である。[1] 実際に、南方は十九世紀末までの八年もの間、英国で過ごしたのだが、その英国だけでなく日本においても長い間顧みられなかった。日本で南方熊楠の研究が行なわれるようになったのは、ごく最近になってからのことである。

私のお話ししたいことは、まず南方が考える科学方法論のモデルとしての曼陀羅についてである。第二に、十九世紀に主流であったニュートン力学の基本的概念と比べて、南方曼陀羅という形で表現された彼の科学方法論が、いかに斬新で独創的であったかを指摘する。第三に、南方の文化的背景、および彼が生命の原初的形態であると考えた粘菌を死ぬ

（1）Carmen Blacker, "Minakata Kumagusu : A Neglected Genius," *Folklore*, The Organ of the British Folklore Association, 1983.

まで緻密に観察していたことにも言及しながら、南方曼陀羅に見られるような彼の知的創造力の原点について考えたい。最後に、南方曼陀羅が未来のパラダイム転換*に対して示唆することについて考察したい。

＊一三七頁参照

1 南方曼陀羅とは

南方は、本州の南にある和歌山市に裕福な商人の子として生まれた。両親は無学であったが真言宗の熱心な信徒であった。子どもの頃両親が話して聞かせた仏教の説話は、生涯を通じて彼に多大な影響を及ぼし、さらに南方は仏典にも造詣が深かった。彼は和歌山の中学校を卒業すると上京し、東京帝国大学の前身である予備門に入学した。が、二年後予備門を辞め、渡米し三年半をアメリカで過ごした。その後、ロンドンへ渡り、八年間滞在した。彼はどこの大学も正式に卒業してはいないが、独学で偉大な学者になったのである。数ヶ国語を学び、大英博物館や、のちに自然科学博物館、南ケンシントン美術館に通い、歴史、美術、文学、民族学、文化人類学、社会学、心理学、哲学、宗教、生物学、地理学などの原書を読み、ノートブックに書き写した。

南方は、一八九三年十月から雑誌『ネイチャー』に寄稿し始め、最初の英文論文「極東の星座」で一躍有名になった。のちに、『ノーツ・エンド・クィアリーズ』(覚え書きと質問)

にも寄稿するようになった。『ネイチャー』には一八九三年から一九一四年までの間に五〇篇、それから『ノーツ・エンド・クィアリーズ』には一八九九年から一九三三年までに三二三篇の長短の文章を寄稿した。『ノーツ・エンド・クィアリーズ』の創刊号は、次のように論争精神を大いに奨励した。

世間で通常政治的とか神学上の論争点とかいわれている問題を除いては、あらゆる事柄についての覚え書きが本誌には掲載され、これに対する賛否両論が並置され公平な取扱いを受けるであろう。そうすることによって、この雑誌の文中に鉤ホックと小さい穴を見つけたら、どんなホックでもその相手となる穴にひっかけることができるだろう。(2)

(2) *Notes and Queries*, Oct. 14, 1899.

まさにこの対話の精神で、帰国して故郷和歌山の片田舎である田辺に落ち着いた後も、南方はこの雑誌に寄稿し続けたのである。ロンドン滞在中に書き続けた日記によれば、大英博物館からの帰宅途中によくハイド・パークに立ち寄り、街頭演説者が無神論に関して議論を闘わせるのに耳を傾けた。無神論は、当時一般に議論沸騰していた問題だった。権威に黙って従うというより、真っ向からぶつかって独自の考え方を発展させていくという南方のやり方は、こういった経験によって培われたようである。

一八九三年の冬、南方は真言宗の高僧である土宜法竜(ときほうりゅう)(一八五四―一九二三)と出会う。土宜はパリへ行く途中たまたまロンドンに立ち寄ったのだった。その直後から、ロンドンとパリでの往復書簡が始まり、それは二人の帰国後もずっと続いた。

南方は一九〇〇年ロンドンから故郷和歌山へ戻ったが、父親の事業を継いだ弟に家を追い出され、一面原生林の熊野山脈の麓にある紀伊那智で二年半の隠遁生活を余儀なくされた。昼間は山に登り、粘菌、コケ、藻などの隠花植物を探し求め、夜は読書や執筆に没頭したり、採取した植物から標本を作ったりして過ごした。彼の「履歴書」には、この時期は「さびしきかぎりの暮らし」であったと書かれている。[3]

南方が曼陀羅を「奇跡的な方法」として時間をかけて展開したのは、土宜法竜との往復書簡においてであるが、すでに一八九三年頃に始まり一九〇三年那智からの書簡で最高潮に達した。一九〇三年六月十八日付の手紙には下図[4]に示したような絵が描かれており、その解説がこの手紙と次の手紙に書かれている。

この図を「南方曼陀羅」とわれわれは今呼んでいるが、これは南方自身が名付けたものではない。一九七八年、私は南方に関する本[5]を執筆中であったが、たまたまこの図を仏教哲学の権威である中村元博士にお見せする機会があった。博士は即座に「ああ、これは南方曼陀羅でございますね」とおっしゃったので、この奇妙な走り書きの絵には高尚な名が付けられ、科学方法論の新しいモデルという厳粛な意味が附与されたわけである。

十九世紀科学の焦点は因果律であった。南方もイギリス滞在中にこの考え方を十分に吸収した。そして、南方が挑戦しようとしたのもこの理論である。十九世紀には、因果律とは、第一に「どんな結果にも必ず原因がある」、そして第二に「同じ原因からは必然的に同じ結果が生まれる」ということであると認識されていた。[6]南方が批判したのは、この第二

(3) 南方熊楠「履歴書」、『南方熊楠全集』第七巻、平凡社、一九七一年、三一ページ。

(4) 飯倉照平・長谷川興蔵編『南方熊楠　土宜法竜　往復書簡』八坂書房、一九九〇年、三〇八ページ。

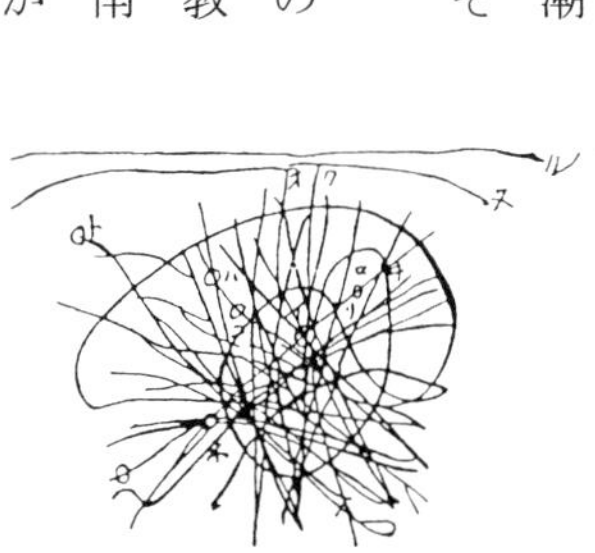

(5) 鶴見和子『南方熊楠――地球志向の比較学』(日本民俗文化大系第四巻) 講談社、一九七八年 (講談社学術文庫、一九八一年)。

(6) 柳瀬睦男『物理学の思想と方法』三省堂、一九七八年、一五四―五ページ。

の命題に対してであった。

　今日の科学、因果は分かるが（もしくは分かるべき見込みあるが）縁が分からぬ。この縁を研究するのがわれわれの任なり。しかして、縁は因果と因果の錯雑として生ずるものなれば、諸因果総体の一層上の因果を求むるがわれわれの任なり。[7]

（7）『南方熊楠　土宜法竜　往復書簡』前掲。

　この問題に関していえば、南方は大乗仏教の世界観が現代科学よりも優れていると主張している。それは、仏教が因縁、すなわち因だけでなく縁についても述べているからである。因は因果律をあらわし、縁はさまざまの因果系列の鎖が偶然に出会うことをあらわしている。ある一つの原因から結果が生じる過程で、別の原因と結果の生じる過程と偶然出くわすことがある。一系の原因結果の連鎖が進行中に、他の原因結果の系列が接触することによって、第一の因果系列が単独で進行したのとは異なる結果を生じることがある（下図）。南方が追究しようとしたのは必然性と偶然性との関係である。

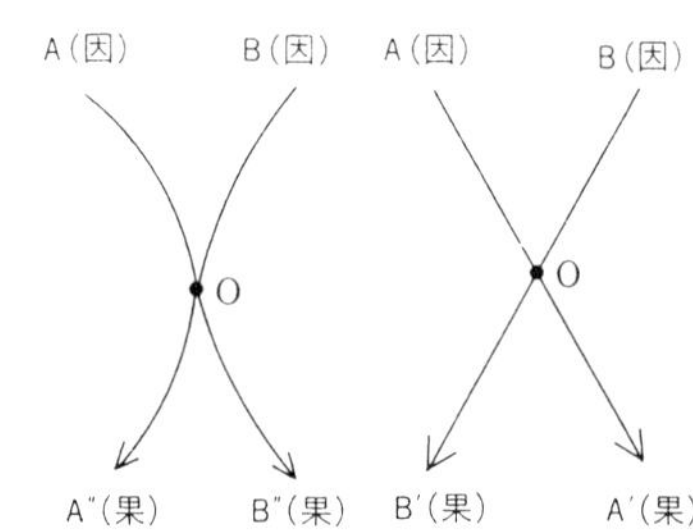

　もともと曼陀羅は、真言宗の世界観を示したもので、大日如来を中心に置き、他の諸仏、諸菩薩が大日如来との関係でそれぞれの位置を占めていることを図で示したものである。南方はその曼陀羅を、物質的なものであれ精神的なものであれ、ありとあらゆる現象の相関関係を捉える科学方法論のモデルであると解釈しなおしたのである。南方の議論は完璧なものではなかったが、当時だけでなく現代にも通じる論理学および科学方法論の中心課題をついたのである。

南方曼陀羅が科学方法論のモデルとしてきわめて重要であることを示す第二点は、萃点（あつまるところ、又は交差点の意）を強調したことである。胎蔵界曼陀羅と金剛界曼陀羅から成る真言曼陀羅では、大日如来が宇宙の中心にあり、彼自身が宇宙であるとさえみなされている。南方は中心という概念を交差、すなわち最も多くの因果系列が出会うところと解釈しなおしている。彼によると、最も効果的な謎解き（彼は科学を謎解きの方法だと述べている）方法は、まず特定の問題について謎解きをしようとする時、まず、その問題について、もっとも多くの因果系列の鎖が交差しているところを見つけ出し、次に、その問題と関連している出来事の鎖を一つずつ研究していくことであるという。南方曼陀羅は、自然界と人間界の出来事への全体的（ホーリスティック）アプローチをあらわしているのである。

南方は、土宜法竜宛の書簡以外には、南方曼陀羅についての理論的な論文を書いていないが、地球的規模での民俗の比較研究において、また粘菌の調査、観察や森林保護というエコロジー運動において、この手法を十分生かしていたのである。(8)

(8) 南方曼陀羅についての詳細は、鶴見和子『南方曼陀羅論』八坂書房、一九九二年を参照。

2　十九世紀から二十世紀への変わり目における偶然性と必然性

十九世紀末にかけて、ニュートン力学に基づいた必然性理論が科学の様々な分野で幅をきかせていたが、熱力学の分野では新しい風潮が現れた。ジェームズ・クラーク・マックスウェル（一八三一―七九）とルードウィッヒ・ボルツマン（一八四四―一九〇六）の二人が気体分子の運動に関する理論を発表し、統計力学の勃興に大きく貢献した。この理論は偶然の要因を含む確率の概念を用いているのである。

一九二五年から一九三〇年代にかけて量子物理学が形成されるようになって、ようやく偶然性が方法論的に重要であるということが明確に打ち出されるようになった。それは、ニールス・ボーア（一八八五―一九六二）、ヴェルナー・カール・ハイゼンベルグ（一九〇一―七六）、ポール・エイドリアン・M・ディラック（一九〇二―八四）、ヨハン・ルードウィッヒ・フォン・ノイマン（一九〇三―五七）、ユージン・ポール・ウィグナー（一九〇二―九五）などの物理学者たちが積み重ねた努力のおかげである。

このような科学の発展の歴史から見ても、南方が偶然性を科学方法論に欠くことのできない要因であると認識したのはかなり早かったといえる。アメリカの科学哲学者チャールズ・サンダース・パース（一八三九―一九一四）は「必然性論再考」という論文を一八九二年Monist誌に発表した。彼はその論文で偶然性についての考えを説得力をもって展開した。すでに述べたように、南方は一八九三年に土宜法竜への書簡で曼陀羅について書き始めていた。しかし、必然性に対する偶然性という南方の考え方は一九〇三年の夏までは明確なものではなかった。したがって、この点ではパースの方が南方に先んじていたわけである。私の知る限りでは、南方がパースの論文を読んでいたという証拠も、パースが南方の考えを知っていたという証拠もない。パースは科学者で、「物理学、科学、数学、引力、光学、天文学などの十分な素養をもっていた」と自負していた。彼は、また論理学、哲学史の優れた研究者でもあった。彼の学識と独創性にも関わらず、というか、むしろそのせいで大学に職を得ることができなかったのである。彼は生涯、マサチューセッツ州ケンブリッジに定住した。彼も南方同様長いこと顧みられず、死後二〇年ほどたって『チャールズ・サンダース・パース著作集』全六巻がハーヴァード大学から出版されたわけである。

パースは「必然性論再考」の中で、「この宇宙ではどんな単純な事実もすべて法則によって決まっているという通念を再検討」しようとしているのだと述べている。そして、自然界には必然性の法則は当てはまらない「実在する偶然」(real chance)があり、自然界の不規則性の認知は人間の認識の誤りによるものではないと主張した。「自然の法則を検証しようとしてみれば、緻密な観察をすればするほど法則から逸脱するはずであるということがわかるであろう」とも書いている。パースはこれらの命題を論証するために、マックスウェルとボルツマンの仮説を引用している。その仮説とは次のようなものである。「実際に、実在する偶然によってそうなるかのように、気体の分子は不規則に運動し、熱力学の第二法則に反し、確率の原則によって気体の中に熱が集中することがあるにちがいない。そして、集中した熱は爆発を起こし、時としてきわめて重大な結果を招くことがある。[(9)]」

南方とパースは、文体や偶然性の問題へのアプローチの仕方はかなり異なっているが、二人の間には興味ある類似性がある。当時パースが暮らしていたニュー・イングランドは、科学の最先端を行くロンドンとは対照的にヨーロッパの学識社会から見れば周辺にあり、南方が暮らしていた那智はさらに文明から遠く離れていた。二人とも世紀の変わり目に現

(9) Charles S. Pierce, *Selected Writings (Values in a Universe of Chance)*, ed. with an Introduction and Notes by Philip P. Wiener, Dover Publications, 1958, pp. 170-1.

われ、それぞれの僻地から独自の考え方で科学方法論におけるパラダイム転換を模索した先駆者であった。新風は中心ではなく辺境から吹きおこるといっていいだろう。

3 創造性の原点

南方熊楠に話をもどし、南方曼陀羅に見られるような彼の知的創造性の原点を考えてみることにしよう。

第一に、南方曼陀羅は、彼が一八九三年から一九〇三年の間に、時間も空間も異なる二つの文化を心の中で格闘させ、やがて統合させようとした過程の中から生まれたものだと私は考えている。それはインド発祥の古代大乗仏教と十九世紀イギリスで発展した近代科学の考え方との対決であった。フィリップ・ヴァーノンによれば、創造性とは「考えの新しい組み合せ、また珍奇な結びつき」で「そういう新しい組み合せは（科学の場合は）社会的価値または理論的価値を持っていなければならないし、（芸術や文学の場合は）人に感動を与えるものでなければならない」と定義されている。[10] シルヴァノ・アリエティによれば、創造の過程には二組の異なる要素が結合される。第一の組み合せは明晰にして判明なる概念（コンセプト）と曖昧で形の定まらない内念（エンドセプト）である。もう一つの組み合せは、同一律、矛盾律、排中律に基づく形式論理とこれらの原則を無視して、異化ではなく同化を

(10) P. E. Vernon ed., *Creativity*, Penguin Books, 1970, p. 12.

強調する古代論理（パレオロジック）である。[11]

アリエティがいう内念と古代論理は、個人のライフサイクルという観点から見ると思考過程の初期の段階、例えば幼児期の主要な特徴である。それらは社会の歴史からいえば、原始・古代の心性の特徴といえる。そのように考えると、内念とデカルトの明晰判明なる概念との結合および古代論理と形式論理との結合は、古代の思考様式や行動様式と近代のそれらとの結合と解釈することができる。日本のような後発国の場合、前近代の思考様式は内生的なもの、あるいは、外来のものが歴史の初期の段階に土着化したものである。他方、近代の様式の多くは、近年になって主に欧米から取り入れられたものである。

結合の過程は、対決型と融合型とに分類することができる。対決型の結合の過程では、新旧の概念や土着と外来の概念の対比を強調し、それらを明確に区別する。それらの対決を通して、衝突している考え方の双方を再構成して統合することによって、新しい考え方を生みだす。他方、融合型の結合の場合は、異なる思考の間の対決を極力回避し、それらを融合させることによって、一つの体系の中に対立する思考が共存することを許す。

南方は対決型を代表し、南方と同時代の民俗学者である柳田国男は融合型を代表しているとわたしは考える。[12]

第二に、南方の創造性の原点は、彼が生涯にわたって、自然界に生息するままの姿で（実験室ではなく）粘菌を観察したことである。南方が『植物雑誌』（日本）に書いた論文「日本粘菌一覧表」には、一九六種の粘菌が挙げられており、そのうち九九種は南方の発見によるものである。[13]

(11) Silvano Arieti, *Creativity: A Magic Synthesis*, Basic Books, 1976, p. 62.

(12) 詳細は、Kazuko Tsurumi, "Forms of Creativity in Japanese Technology," Research Papers, Series A-52, Institute of International Relations, Sophia University, 1988, pp. 3-10 ; Tsurumi, "Creativity of the Japanese : Yanagita Kunio and Minakata Kumagusu," Research Papers, Series A-39, 1980 を参照。

(13) 平野威馬雄『大博物学者南方熊楠の生涯』リブロポート、一九八二年、二六二—七三ページ。

彼が採取した粘菌の中でも、とりわけ珍しいものは一九一七年八月に田辺町の自宅の庭にある生きている柿の木の皮にあった粘菌と幹に生えていたコケである。イギリスの粘菌学者グリエルマ・リスターは、これを新種であるというだけではなく新しい属であると認めたばかりか、「ミナカテラ・ロンギフィラ・リスター(Minakatella longifila G. Lister)」と命名した。リスター自身このことを一九二一年の『植物学雑誌』(英国)で報告している。[14]

次の図3は南方自身が描いた粘菌の生き生きした変形過程である。これは男色の民俗学を研究し、歴史著述家でもある岩田準一(一九〇〇―四五)に宛てた南方の手紙の中に描かれていた。南方は、微生物学のことなどほとんど知らない友人に、この奇妙な生物に夢中になっている理由をこのようにして伝えようとしたのである。

(14) 同右、二五一―二ページ。

粘菌が原形体〔今日では原形質というが南方のテキストにしたがって、ここでは原形体のままにした〕として朽木枯葉を食いまわること〔図(イ)参照〕やや久しくて、日光、日照、湿気、風等の諸因縁に左右されて、今は原形体で止まり得ず、(ロ)原形体がわき上がりその原形体の分子どもが、あるいはまず、イなる茎となり、他の分子どもが茎をよじ登りて、ロなる胞子となり、それと同時にある分子どもが(ハ)なる胞壁となりて胞子を囲う。それと同時にまた(ニ)なる分子どもが糸状体となって茎と胞子と胞壁とをつなぎ合わせ、風等のために胞子が乾き、糸状体が乾きて折れるときはたちまち胞壁破れて胞子散飛し、もって他日また原形体と化成して他所に蕃殖するの備えをなす。かく出来そろうたを見て、やれ粘菌が生えたといいはやす。しかるに、まだ乾かぬうちに大風や大雨があると、一旦、茎、胞壁、胞子、糸状体となりかけたる諸分子がたちまちまた跡を潜めてもとの原形体となり、災害を避けて木の下とか葉の裏に隠れおり、天気が恢復すればまたその原形体が再びわき上がりて胞嚢を作るなり。原形体は活動して物を食いありく。茎、胞嚢、胞子、糸状体と化しそろうた上は少しも活動せず。ただ後日の蕃殖のために胞子を擁護して好機会をまちて飛散せしめんとかまうるのみなり。

故に、人が見て原形体といい、無形のつまらぬ痰様の半流動体と蔑視さるるその原形体が活物で、後日蕃殖の胞子を護るだけの粘菌は実は死物なり。死物を見て粘菌が生えたと言って活物と見、活物を見て何の分職もなきゆえ、原形体は死物同然と思う人間の見解がまるで間違いおる。すなわち人が鏡下にながめて、それ原形体が胞子を生じた、それ胞壁を生じた、それ茎を生じたと悦ぶは、実は活動する原形体が死んで胞子や胞壁に固まり化するので、一旦、胞子、胞壁に固まらんとしかけた原形体が、またお流れとなって原形体に戻るは、粘菌が死んだと見えて実は原形質（ママ）となって活動を始めたのだ。(15)

一九二六年、南方の弟子である小畔（こあぜ）四郎（一八七五—一九五一）が、南方が採集した粘菌の標本を当時皇太子であった昭和天皇に献上したのだが、南方はその進献表を用意した。南方は、その始めに粘菌は「原始動物（protozoa）」であると述べたが、それに対し宮内省御用掛生物学御研究所主任であった服部広太郎（はっとりひろたろう）（一八七五—一九六五）は、粘菌は「原始生物

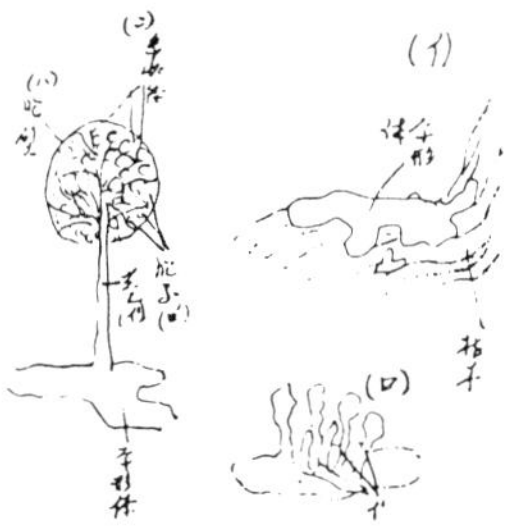

（15）『南方熊楠全集』前掲、第九巻、二八—九ページ。

(protista)」と書き換えよと激しく反論した。南方はA・ド・バリー（一八三一―一八八）の言葉を引用して「粘菌は原生動物、すなわち動物の原初形態であって、植物ではない」と主張した。[16]

生物を動物と植物に分けるという二分法に対して、生物を五つの範疇（モネラ、原生生物、菌類、植物、動物の五類）に分けることをR・H・ウィタカーが提唱した（一九六九）。しかし粘菌を菌類に入れるべきか動物に入れるべきかという問題はまだ決着がついていない。[17] 粘菌の原形質の動きを実験研究した著名な分子生物学者の神谷宣郎（一九一三―　）によると、「粘菌は動物と植物の中間の生物であるといったらよいだろう」と述べている。[18]

南方が粘菌の観察を通して学んだことは次のようなことである。第一に、生物には生と死（あるいは半死）の状態が交互に訪れるということである。そして一般に考えられているように、生死の境は明晰にして判明なものではない。見る人の心によって判断を誤ることがよくある。生死の境界線は、臓器移植との関連もあり今も議論されている問題である。南方の粘菌に関する議論は現代の問題とも関係しているのである。

第二に、粘状態から菌状態への変化の過程、またその逆の過程は必然的な法則ではなく偶然の因子によるところが大きいということである。

第三に、南方は日本で環境破壊に反対する運動の中で、「エコロジー」ということばを初めて用いた人物である。彼は、粘菌が高層・中層・下層のさまざまな植生の植物のコミュニティーの中で、主として湿った樹木の幹あるいは最下層の植物の間に成長するありさまを観察した。ある特定の場所に固有の植生の総体が保全されない限り、粘菌は生き延びら

(16) 同右、四五六―八ページ。

(17) 萩原博光「粘菌類」、小林義雄他編『南方熊楠菌類─南方熊楠による菌糸一覧表』第一巻、南方文枝刊、一九八七年、一二二ページ。

(18) 神谷宣郎「真性粘菌の運動」(第一回南方熊楠賞自然科学部門記念講演、一九九一年四月二十二日、田辺市)。

れないのである。南方は、エコロジーとは土壌、水、人間を含むさまざまな動植物がお互いに依存し合って絶えず変化と循環とを繰り返して生きている全体構造であると理解していた[19]。

第四に、南方は土宜宛の書簡の中で、どのようにして、さまざまな珍種の藻、地衣、菌類、粘菌を発見することに成功したかを詳述している。そのようなめずらしいものを見つけたのは、那智にいた時に見た夢のお陰であった。彼は夢の機能を潜在意識（アラヤ識）で説明している。つまり仏教哲学の唯識によると、夢というのは「最高の知恵」、「悟り」、「過去の行為がすべて成就される根底」で、そこからこれからの生き方が現われるとされるものであるという[20]。南方は一人一人の心は一つのものではなく複数の心からなるものであるという。何か変わった考えが浮かんだり、不思議なことを夢みたりすると、無意識の自我（アラヤ）が表面的な日常の意識の表層下で活性化されるのである[21]。南方とカール・ユング（一八七五―一九六一）の間にはおもしろい共通点がある。それは、自我の多様性と知的発見への方法としての無意識の機能に関しての議論や、曼陀羅への関心、偶然性を強調する点である。もっとも、ユングは偶然性を共時性の観点で解釈しているのだが（ユングと南方の類似性と相違点に関しては河合隼雄教授に負うている[22]）。

以上に述べたことをまとめると、第一に南方の創造性の原点は異文化間の対決、古代仏教と近代西欧科学との対立を彼独自の方法で、統合しようとしたことである。第二に、南方が生命の原初形態と考えていた粘菌の観察から洞察力を得た。第三に、南方は科学にお

(19) 以下の鶴見論文参照のこと。"3. Minakata Kumagusu and His Ecological Movement" in "Animism and Science," Research Papers, Series A-58, op. cit. 1992, pp. 6-8.

(20) 長尾雅人『中観と唯識』岩波書店、一九七八年、四三五―八ページ。

(21) 『南方熊楠　土宜法竜　往復書簡』前掲、五一ページ。

(22) 河合隼雄・鶴見和子「自然とのつき合い」、『河合隼雄対話集――科学の新しい方法論を探る』三田出版、一九九四年、二五二―八二ページ。

ける発見の過程において夢および無意識の働きが重要であることを認識していた（第三点についてはガストン・バシュラール（一八八四―一九六二）『火の精神分析』（一九三八）を参照[23]）。

(23) Gaston Bachelard, *La psychanalyse du feu*, Gallimard, Paris, 1938.（前田耕作訳『火の精神分析』せりか書房、一九八七年）

4 曼陀羅からカオスへ

二年前（一九九三年）、私はテレビで、イリヤ・プリゴジン（一九一七― ）と生命科学者でゲノム理論に基づいて生命科学の新しい分野を提唱している中村桂子（一九三六― ）との対談をたまたま見る機会があった。討論の最後の方でプリゴジンが「私は現代生物学の恩恵をこうむっている」といった。中村がすかさず「どういう点でですか」と問いかけると、プリゴジンは「粘菌ですよ。粘菌の研究を通してカオスと偶然性の問題とがはっきり見えてきたのです」と答えた。私は非常に驚いた。何という偶然の一致であろうか。南方がほぼ百年前に曼陀羅によって科学のパラダイム転換を暗示し、そしてまさに今世紀の終わりである今、プリゴジンがカオスという概念によってその転換を探究しているのである。

必然性との関連における偶然性の問題は南方によって大まかな形で提言されたわけであるが、現在プリゴジンやその他の研究者によって、より厳密で洗練された形で探究されている。このパラダイム転換の重要な点は、自然科学のみにとどまらず、社会科学および人文科学、さらに地球上の人間や人間以外の生物の生命にも影響を及ぼしていることである。さまざまな文化から偶然性の問題へのアプローチがなされている。異文化間の対決と統合は新しい未来のパラダイム転換に向けて重要な貢献をするであろう。南方曼陀羅は、そのことを卓抜した形で示唆している。

＊パラダイム転換　「パラダイム」という概念は、トマス・クーンの『科学革命の構造』(Thomas S. Kuhn, *The Structure of Scientific Revolution, Foundation of the Unity of Science*, The University of Chicago Press, 1, 1962, 1971) に基づくものである。クーンは最初、特定の科学者集団によって共有される価値観、技術、法則などをひっくるめて、パラダイムとよんだ。のちに再定義し、「専門母胎」(disiciplinary matrix) ということばでおきかえた。そして、特定の専門家集団によって共有されるパラダイムは、その専門領域固有の問題を解く指針となる。特定の専門領域の科学者集団の圧倒的多数によって特定のパラダイムが受け入れられそれが安定しているとき、そのパラダイムは「通常科学」とよばれる。ところが、既存のパラダイムでは解けないような現象がしばしばあらわれてくると、複数のパラダイムが乱立の状態となる。そして、新しいパラダイムが、旧いパラダイムでは不可能であったような謎解きをしてみせ、その有効性の範囲が拡大すると、新しいパラダイムが旧いパラダイムにとってかわる。そのことを「パラダイム転換」とよんだ。

(『鶴見和子曼荼羅』第I巻、四四三ページ参照)

Ⅳ

〈対談〉「南方曼陀羅」をめぐって

鶴見和子
松居竜五

南方熊楠との出会い

鶴見　松居さんが中心になって、ずいぶん研究が盛んになってきてますね。

松居　いや、私は力が及ばないことが多くて。しかし、南方邸での資料調査[★1]の他にも、もっと広い分野、社会学や、自然科学など、いろんなところで南方熊楠がうまく使われだしたと思います。今までは南方熊楠の研究は、他の研究領域とは孤立していたんですが、熊楠がやっとそれぞれの分野でそれなりに利用されるようになってきたのではないかと思っています。

鶴見　それはいいわ。これだけ基礎的な研究ができれば、ほんとに使われますよね。

松居　ええ、そう願っているんですが……。

鶴見　今までは学問としてよりも面白い人間だということだけでやられてたでしょう。あれじゃあ、どうしようもない。確かに面白い人間には違いないんだけれど。日本における学者というコンセプトから非常にはずれてるからね。

松居　そうですね。鶴見先生ご自身も、「日本における学者」の定義からは少しはずれてるとは思うんですけれど（笑）。

鶴見　そうなの。全然外れてるから、外れて外れてちょうど出会ったような感じ。

松居　最初にその出会いのことをお聞きしたいと思ったんですが。

鶴見　私と南方が違うのは、南方は大学に行かなかったから大学者になった――私はそう思ってるの。だけど私は大学にゆきすぎたの。大学生活が長すぎたわね。

松居　しかし南方熊楠は鶴見先生がおやりになる前までは、大学に行ってなくて破天荒な生き方をしたから、

★1　松居氏の参加している南方熊楠邸資料研究会は、熊楠の長女である南方文枝さんの依頼によって和歌山県田辺市の邸内調査を進めてきた。文枝さんの没後、田辺市では南方熊楠研究所の設立事業が進められており、その開館後はこれまでの調査に基づいて熊楠関連資料の一般公開を行う予定となっている。

▲南方熊楠の原稿・手紙類は、まだ六割以上が翻字されないままの状態になっている。膨大な手稿の整理が現在進行している。

◀南方熊楠邸資料研究会による資料調査の様子

▲鶴見和子

破天荒なとらえ方をしなければいけないとみんな思っていたのですが、熊楠の学問自体は非常に厳密なところがある。鶴見先生は、そういう厳密な学問の方法に乗せて、しっかり分析されたので、それがその後の熊楠研究の基礎になったのではないかと思います。

鶴見　いや、そんなことないけど……。ただ驚いたのよ。これだけの仕事があったんだということがわかって、ほんとにびっくりした。

松居　『南方熊楠全集』（平凡社）が出たのが一九七一年から七五年にかけてですね。先生の著作目録（『鶴見和子曼荼羅』第Ⅸ巻所収）を見ていたら、『全集』が出始めて、すぐに書評を書いていらっしゃるんですね。

鶴見　「解説」でしょう、第四巻に書いた。

松居　いえ、「解説」は一九七五年ですから……。その前に、七一年に「週刊読書室」（『週刊言論』）の中で「内なる原始人発見」という文章を書いていらっしゃいますね。

鶴見　それじゃあ、それを長谷川（興蔵）さんが見たのかな。私、長谷川さんにきいといてよかったことがあるの。南方熊楠の『全集』が出たときに、「どうして私に第四巻の解説を頼みにいらしたの」ときいたの。「南方熊楠は私、全然研究してないんですけど」「だれも研究してませんよ。だからおやりなさい」と言われた。それはおぼえてたの。だけど、「じゃあ、どうして私に企画をお持ちになったんですか」ときいたら、「どこかで読んだんですよ、新聞かなんかでね」とおっしゃるの。『南方の神社合祀反対運動は環境保護、公害反対の先駆的な活動である』と書いていらしたのを読みましたので、『ああ、そうか』と思って、じゃあ、お願いしようということになった」。「へぇー、そんなことありましたか」って。じゃあ、それだわ。

松居 たぶんこれでしょうね。

鶴見 私が水俣に行ったのと南方熊楠にくいついたのと、ほとんど同じころでしたね。それが私の生涯の幸運な偶然のめぐりあわせなのよ。で、水俣と南方とが結びついたのよ。公害反対運動の走りは田中正造ということになってるけれど、田中正造の公害反対運動は、企業による破壊に対する反対運動。南方熊楠は役人公害に対する反対運動。私そんなふうに位置づけたように思うのね。それで、公害反対運動には二人の先駆者がいるんだと。水俣はほんとにこれからの歴史に残る公害の問題だから、それじゃあ、南方に学ぼうと、そういうふうになってきたんじゃないかなと思いますね。

松居 ちょうど平凡社の『全集』が出たころに、それを読んでいらっしゃって……。

鶴見 そうですね。神社合祀反対運動のところが一番

▲松居竜五　（まつい・りゅうご）

1964年京都生まれ。東京大学大学院総合文化研究科博士課程中退。論文博士。現在，龍谷大学国際学部教授。専攻，比較文化論。2021年度より南方熊楠顕彰館長。

著書に『南方熊楠　一切智の夢』（朝日選書，1991年，小泉八雲奨励賞受賞），『南方熊楠の森』（共著，方丈堂出版，2005年），『南方熊楠大事典』（共編著，勉誠出版，2012年），『南方熊楠――複眼の学問構想』（慶應義塾大学出版会，2016年）ほか。

私にぴんときたのね、最初は。それが長谷川興蔵さんのお目にとまったのは、私の幸せだったんだなと思います。

松居　長谷川さんご自身も、鶴見先生に書いてもらったことが非常な成功だったということで、何度も、これは編集者としての自分の功績なんだということをおっしゃっていました。その「解説」の文章でも、その後の『南方熊楠——地球志向の比較学』(講談社学術文庫)の骨格はすでにかなりはっきりとしていますね。

鶴見　頼まれたからしかたなく一生懸命に読んだわけです。そうしたら、公害反対運動ということだけでなくて——最初はそこから入ったんだけれど——、私がアメリカで学んできた比較学とはまったくスケールの違う形で「比較」の視点が出てるということがわかったの。私のやってた比較学では環境問題なんて、全然入ってこなかったのよ。それで驚いて「地球志向」ということを考えたの。

松居　それから一九七八年に『地球志向の比較学』を書かれるまでのあいだは、水俣と熊楠とを並行して研究なさっていたんですね。

鶴見　そうです。でもそのころは水俣が中心でした。私が長谷川さんに拾われて、「解説」を書いたために、それを読んでくださった上田正昭先生と宮本常一先生の二人が目をつけてくださった。『日本民俗文化大系』(講談社)を作るときに、編集委員会で一人一人の民俗学者について担当を割り当てていったわけでしょう。柳田国男の解説を書く人はきら星のごとくいる、折口もいる、じゃあ、南方はだれにするか、と。宮本さんに最初に会ったとき「ぼくがご推薦申し上げました」とおっしゃったから、ずっとそう思ってたら、その後で上田先生にお会いしたら「ぼくがご推薦申し上げました」とおっしゃった。お二人がご推薦くださったということがわかったんです。その「解説」を読んで、これは新しい目のつけどころだから、これでやらせてみたらどうかと、お考えくださったんだと、宮本さんからうかがいました。

松居さんも、七八年の鶴見先生の『南方熊楠』に惹かれるものがあって南方研究を始められたと言われますが、鶴見先生

▲「南方熊楠賞(人文の部)」受賞の折、和歌山県田辺市・南方熊楠邸2階の書庫にて。(1995年4月)

◀同授賞式の折、南方文枝さんと。

以前に南方についてまとまった形で書いていた研究者はいなかったんでしょうか。

松居　鶴見先生ご自身も書いていらっしゃるんですけれども、益田勝実さんが『南方熊楠随筆集』（筑摩書房）の「解説」で「野の遺賢」というのを発表しています。あれは熊楠の学問の態度に関してかなりしっかりとした焦点を当てたものです。他にも伝記はずいぶんあったんですが、結局、その伝記は個人の興味に終わっていて、学問の分析はほとんど益田さんのがはじめてでした。しかしその益田さんにしても、むしろこれからやるべき問題が熊楠についてはたくさんあるよ、ということを書かれたような感じのものです。それから谷川健一先生。ただ、いろいろ結びつかない面が多かったのではないかと思います。神社合祀反対運動とか、ロンドン時代の仕事とか、粘菌研究とか、熊楠はいろんなことをやっているけれども、それがどう結びついているかがはっきりしなかったので、結局、雑学であり、多才であり、という感じだった。それを、鶴見先生がずばりと「実は熊楠の学問には連続性があり、さまざまな部分は彼独自の体系に裏打ちされていることがわかる」ということを言い切ったので、みんなあっと驚いた。

鶴見　私より前にもう一人あるの。桑原武夫さん。桑原さんによれば、南方は「知の饗宴」で、いっぱいいろんなことが書いてあるけれど、饗宴に終わってる、と。

松居　あと、南方熊楠の娘婿にあたる岡本清造さんがずっと資料の整理をなさっています。岡本さん自身も水産学の研究者で、熊楠の独特のユーモアなど、面白い側面から書いていらっしゃったんですが、それはほとんど注目されていなかったですね。[★2]

南方の学問、また学問を超えたトータルな南方像は、鶴見さんの『南方熊楠』がはじめて提示したということですね。

松居　それはもう疑うところのない定説だと思います。

鶴見　岡本清造さんは非常に偉い学者だけれど、地味な方だったのよ。『水産経済学』という、大きな著書がある。南方は奇人変人でパッと出すぎちゃったから、学究的な研究がいくらかあっても隠れちゃうのよ、その奇人変人ぶりで。それで私が奇人変人だから（笑）。

松居　いや、鶴見先生の書いている南方熊楠の学問は非常にまっとうなんです。それまでは正統から外れた異端児だと思われていたのに、鶴見先生が書いているのは、あまりにもまっとうなので……。虚心坦懐に見ると、西洋的な学問のやり方をしっかりと踏襲した人だということがよくわかる。

鶴見　柳田よりもずっとちゃんと西洋学問をしてるのよ。

松居　西洋の学問の体系を学んだ人が見ると、熊楠がいかに正統的かというのがわかるということが一つあるでしょうね。

鶴見　だって柳田にゴンム（George Laurence Gomme）を教えたのは、熊楠だものね。松居さんが整理してらっしゃる「ロンドン抜書」で非常によくわかったのは、南方は西洋の当時の人類学の勃興に大変に興味をもっていたけれども、現代の二十世紀の人類学につながるような研究ではなく、むしろドイツの人類学の教科書的なものをしっかり読んでいた。[★3] だから松居さんは、南方を構造主義とか、いまもてはやされているものに直結させるのはおかしいと書いていて、それは私、とてもいい指摘だと思う。南方は、十九世紀末の西洋の学問は、自然科学も人文科学も全部ひっくるめて、きちんと勉強していた、頭に入っていたということが大事なのよ。

「比較」の視点で勉強していらした鶴見先生が熊楠と出会って、そこから熊楠研究が開けてきたと。

松居　本当に、そういう出会いがあったのではないかと思いますね。

鶴見　私は同志を見つけたという感じだったの。日本には同志がいないかと思っていたら、あら一人見つけた、と。だから私は独りじゃないという気がして、とっ

★2　飯倉照平・原田健一『岳父・南方熊楠』（平凡社、一九九五年）は、岡本清造の南方熊楠関連の論文を集めて紹介したものである。岡本は、熊楠の日記の翻字など、基礎資料の整備にも力を尽くした。

★3　熊楠の「ロンドン抜書」後半には、ラッツェル『民族誌』（Friedlich Ratzel, *Völkerkunde*, 1885-88）、ヴァイツ『未開人の人類学』（Theodor Waitz, *Anthropologie der Naturvölker*, 1859-72）などの十九世紀ドイツ民俗学の大著が筆写されている。

てもうれしかったわね。

熊楠の「古代論理」

熊楠についてはその後いろんな資料等が出てきているわけですが、研究者から見て、鶴見さんの南方熊楠論は、幹の部分ではずれてはいないわけでしょうか。

松居　やはり、押さえるべきところを押さえていらっしゃいますね。

鶴見　ずさんなのよ（笑）。わからないところはだいたい自分の推量でつなげてるの、直観でつなげてる。自分の関心に引きつけておさえてるのよ。

松居　熊楠の英文での仕事を評価されたのも、やはり鶴見先生が最初だと思います。ただ、ちょっとお聞きしたいところもあって、たとえば『燕石考』を非常に高く評価されていらっしゃいますね。

鶴見　あれは面白いと思う。

松居　『燕石考』が熊楠の論文の中で一番曼陀羅の考え方が現れていると。

鶴見　『神跡考』もいいけれど、『燕石考』は一番はっきりしてる。

松居　ぼく自身は、『燕石考』を読んで非常にわかりにくいところがあると思ったんです。それは二つのことがあの中で交錯していて、一つは中国からヨーロッパに話が伝わったということと、それから貝の形を見ると多産のイメージになるということ、この二つが絡まって展開されているので、ちょっとわかりにくい気がしたんですが。

鶴見　そうですね。でも私は、結局、この論文の焦点は、私に引きつけていうと、最初に私が学問をはじめたのは、アメリカ哲学だから、いつでもアメリカ哲学を土台にしてすべてを見てる。それは他の人にはわからないと思うけれど、自分はよくわかってるの。で、南方は『燕石考』の中で「さまよえるユダヤ人」と「御賓頭盧さん」を結びつけたけれど、ああいう直観なのよ、私のやり方というのも。だから『燕石考』を読んだ時に、これはチャールズ・パース（Charles Sanders Peirce）

の“fallibilism”（マチガイ主義。人間の認識には多かれ少なかれ間違いがあるものだということを認める立場）だなと、ただ自分の直観で結びつけたの。

そうやってもう一度読みなおすと、そこへすっと入ってくる。あれはすばらしい。つまり謬見、“fallibilism”はどこから生まれるか。それは伝播するのではない。“independent genesis”つまり独立的に異なる地方で発生する、独立発生なの。それをあんなに膨大な資料を使って、一つのところに収斂させた。私は感激したの。

松居　熊楠の書いたものを見ていると、若いころは、異文化間に同じ文化現象が見られるということを強調している。たとえばギリシャ神話と日本の神話が似ている、などということをずっと指摘しているんですが、ロンドン時代になって初めて、似ているのは直接の影響関係があるからだという伝播論が入ってきて、同時発生と伝播の二つの原因が考えられるという問題になる。最初は同時発生を基本にしていた熊楠の考え方も、伝播論の流行を無視できなくなってそちらに傾きます。しかし結局、ロンドン時代の研鑽を踏まえて書かれた『燕石考』になると、それが交錯しているというか、両方の要素が入っているように思えるんです。鶴見先生は、アリエティ（Silvano Arieti）を何度かお使いになって、古代論理（paleologic）と形式論理（formal logic）ということをおっしゃっていますが、非常に面白い着眼だと思います。古代論理の方が普遍的な、さまざまな現象に共通するものを認めようとするのに対して、形式論理はそれを表面的なちがいでもって切り分けていく。

鶴見　古代論理というのは、AとBという二つのものの間に一点似ているところがあると、AとBとはおなじものだ、という同化の論理です。これに対してアリストテレスの形式論理学は、AとBとは、ここが違うからこれは違うのだとする。これは異化の論理です。形式論理学はタクソノミー（分類学）のためには必要です。結局、科学の発生からいうと、分類学というのが一番大きなテーマだった。分類というのは、これがこれと違うと、違うことによって仕分けしていくわけね。だから私はアリストテレス論理学は、自然科学史から見たら、発生の時に大事であった論理学だと思うの。

だけど、今だって違うところをはっきりさせることは必要なんだけれども、それだけではなくて、今度は分析から総合へという、そこになってくるといろんな問題がでてくる。違うところだけを切り離していくのでは、処理できない問題がでてくる。

松居　十九世紀は、そういう因果律の徹底が非常に言われた時代ですね。

鶴見　そう。それを南方がちゃんと自分に叩きこんだのね。だからわかったんだと思う。だから私が知りたいのは、彼が古代論理学を仏教からどのようにして吸収していたのかということなの。それは「ロンドン抜書」の中から見てとれるのかどうか。というのは、彼の読書目録をみると、かなり新しい論理学を読んでるのよ。ブール (George Boole) とか、いくつも読んでるの。ブールというのは、記号論理学の発生からいうと、かなり初期であって大事なものなの。「あ、これも読んでるのか」という感じがしたの、私は。

松居　熊楠については仏教理論の影響が言われていますが、仏教に関して知識を得るのは、じつはかなり後の方になってからですね。仏教について初めて言及しているのはアメリカ時代の『珍事評論』だし、大蔵経を書写したのは田辺時代になってからです。

鶴見　そうね。飯倉（照平）さんの「南方熊楠と大蔵経――一・「田辺抜書」以前」（『熊楠研究』第一号）にでてる。

松居　ロンドン時代に、最初に土宜法竜と会ったころには、やはり土宜法竜の方がずっと仏教の知識があった。ただ熊楠はイギリス、アメリカで出されていた仏教論を英語で読んでいて、たぶんその知識をもとに、土宜法竜に対して「外から見ると仏教というのはこう見える」といったのではないかと思うんです。

鶴見　上山春平さんのお書きになった「土宜法竜宛南方熊楠書簡の新資料」（『熊楠研究』第一号）には英文の仏教論がたくさん出てくるわね。

松居　逆にいうと、熊楠はアメリカ時代、ロンドン時代の初期ぐらいには、仏教の原典はそれほど読んでないんじゃないでしょうか。

鶴見　そうね。それで飯倉さんの「南方熊楠と大蔵経」を読んでわかったんだけれど、熊楠は、はじめ仏教説話の中の非常に細々しいディテールに興味をもったのね。だから旅行記や地誌に対する興味とまったく同じレベルのものなのね。熊楠の面白いところは、そういうディテールの比較の中から論理をつまみだしていくところだと思うの。まさに『燕石考』なんてそう。これとこれ、これとこれとやっていって、最後に論理的に仮説をまとめる。そうするとこういう筋、一般化すると誤謬論になって、比較誤謬論になる。そういうふうに私は『燕石考』を読んだの。

松居　そういう意味でいうと、熊楠が仏教から古代論理の影響を受けたのは、必ずしも仏教のものを読んだからではなくて、鶴見先生も少し書いていらっしゃいますが、たとえば仏教的な見方が自分のお父さん、お母さんから聞いた話のようなレベルにまで浸透していた。そうした発想をそのまま引きずったかたちで熊楠の考え方の最初の原型となったということなのでしょうね。それがたぶん鶴見先生のおっしゃっている古代論理型なんだと。

鶴見　いいや、私はただ自分の直観ではそこがつながらないから。南方は最初から仏教論理学を読んでいたわけじゃないでしょう、唯識論とかを。

松居　土宜法竜と会ってからそういうものを読んで理論化してると思います。ただその当時の日本人――今もそうですが――の中には、そういう古代論理が生活レベルで入っているのではないかというところがあって、たとえば夏目漱石などもロンドンに行って英文学を勉強しているときに、何が一番つらかったかというと、形式論理の問題を非常につらいと感じています。たとえば、"two things" が "one space" を "occupy" できない――二つのものが一つの場所にいることができない――ということを書いている。これは矛盾律の問題だと思いますが、それが西洋では徹底されているということがショックなんです。そのことを漱石は、『それから』などで、男女の三角関係として小説に書いていく。そういう形式論理が入ってきたときの、自分の身が「切られる」ような身体感覚を漱石は小説に書いていて、熊楠の場合はそれを論理的に消化しようとして、曼陀羅の方にもっていったのではないかと思います。

鶴見　なるほどね。どうも彼が仏教論理学を読んでないということは、読書目録を見てもわかるのよ。だけどそのころの欧米の先端の論理学は読んでいた。私にはそれしかわからなかった。だから、じゃあ、仏教とどうして格闘できたのかというと、やはり自分の中に入っていた、幼い時からの教養というか、身についたもの、それとの格闘があったんだろうと思ったの、最初は。それをああいうふうに「曼陀羅」のかたちにまとめたということは、やはりすごいと思う。ニュートン力学の構造を彼がちゃんとわかっていたということ。むしろ西洋側の論理をわきまえて、そこからこっちを逆照射した、そういうことだと思うの。柳田はそれができてない。いつもこっちから見る。いつでも日本人はこっち側から西洋を見てるの。だけど南方は逆照射なの。西洋からこっちを見てる。

熊楠の「比較学」

松居　逆照射ということは、またそれをひっくり返せるということで、「比較」とは何かということと関連してきますね。たとえば、「ロンドン抜書」の中の西洋から見た異文化の記述などが象徴的な例だと思います。コロンブスやマゼランの時代のヨーロッパ人が太平洋の人々やアメリカの原住民をどう見ていたかとか。その中に日本も入ってくるんですね。「ロンドン抜書」に筆写されたイエズス会のランチロットの『日本事情』という報告は、アンジロウという初めてヨーロッパ人が会った日本人が語った日本の情報をまとめたものですが、そうした西洋人の目に日本という未知の異文化がどのように映ったかという問題を熊楠はとらえようとしているわけです。

鶴見　そうなのよ。あれが面白いの、『ザビエル書簡』。

松居　それは結局、またひっくり返ってきて、そういうふうに日本を見ている西洋をどういうふうに見るか、という日本の問題にもなって、いつも視点がひっくり返るところがある。

鶴見　視点の移動なの、それが「萃点移動」なの。萃点がいつでも移動できる。つまり萃点が固定してないの。あれが面白い。

松居　鶴見先生がアメリカの社会学、とくに近代化論の社会学の比較になじめないというのは、いつも比較の一つの基準が引かれていて、その基準の上で比較するからではないでしょうか。

鶴見　どこに比較の準拠集団をおくかということを固定してしまう。だけど南方の場合には、移動するのよ。「萃点移動」と私はいうんだけれどね。萃点はいつでも一つではないのよ。

松居　「萃点移動」ということばを、どこかでお使いになっていましたか。

鶴見　萃点移動という言葉を、私が使ってるのは、藤原さんとの対話だけじゃないかな。内発的発展論をこれからどう展開していくかというときに、萃点移動ということを私は考えたの。

松居　なるほど、まさに熊楠の一番面白いところは、そういう視点の移動にあるわけですね。その点では熊楠は、二十世紀のいまの人類学と少し方法的にずれていますから、現在の人類学などの学問の射程にはなかなか入ってこないんですけれども、その点ではかなり生かせるところがあるのではないでしょうか。

鶴見　というのは、いま反省してるからよ、サイードやなんかの。いままでは西洋人の、帝国主義者の目で植民地を見ていたから、これを反省して、向こう側の目から見るようにしなければいけないなということを、漠然といま反省しているでしょう。

松居　実際問題としても、たとえば現在、英国のケンブリッジ大学の人類学教室で勉強しているPh. D. の学生の多くが、元植民地から来ている。アフリカ諸国とか、インドとか、香港とかのアジアの国から来ていたりする。ですから、彼らが論文を書くときには、西洋のケンブリッジの人類学のやり方をやりながら、一方では自分たちの側の目からも見るという、まさに視点の移動をすることで書いているんですね。

鶴見　マルチプル・リファレンス・ポインツなんですね。先取りしてる。だけど構造主義とかは別問題よ。

松居　十九世紀の西欧というのは、全体としては、そういう萃点移動というか逆照射が非常にむずかしい社会だったと思うんですが。

鶴見　むずかしい。自分が帝国主義でトップにいるんだから。底辺から見るということはできないのよ。

松居　ええ。

鶴見　だから底辺から見たりトップから見たり、あっちへ行ったりこっちへ行ったり、自由にできるというのは、比較の面白さね。そしてそれを比較するのね。こっちから見たのはこう見える、あっちから見たのはこう見える。で、これとこれはどう違うという比較になれば、それでやっと普遍性を獲得するのね。

松居　普遍性というか、普遍性にいたる道のりを。

鶴見　つまり普遍性にだんだん近寄っていくのね、それをくり返すことによって。

いわゆる比較というと、自分は定位置において、AとBとがどう違うかと見ていくわけですが、いま先生が言われた比較というのは、まったく違いますね。

鶴見　だから萃点を移動しないことが「比較」。たとえば、マートン（Robert Marton）のいっている「リファレンス・グループ」（準拠集団）というのがあって、リファレンス・グループはどこかをはっきりさせなさい。そしてそのリファレンス・グループからこれを見るとこういうことになる、というふうにやりなさいと教科書に書いてあるわけ。だから移動しないことが強調されている。しかし南方には南方なりの制約があったということだけは、そこに条件として入れておかなくてはいけない。

松居　そうですね。熊楠の比較というのは先生が引用されてる――私も非常に関心したんですが――「回々教国〔イスラム教国〕にてはイスラム教徒となり、インドにては梵教徒となり、チベットにてはチベット僧とならん」というところに……。

鶴見　それが萃点移動なの。それがなかなかできないことなの。

松居　そこで、さきほど先生がおっしゃった、熊楠の制約というか問題点はどこにあるのか。たとえば熊楠が日本の帝国主義をどう見ていたか、やはりどうしても引っかかってくる問題だと思うんですけれどもね。

鶴見　それは、まったくないわけではない。たとえば、市町村合併でどこかの例を引いている。

松居　ボーア戦争の例を引いて、田辺町が湊村を合併することと重ねていますね。

鶴見　それがいけないということはいってますね。だから、これも外国の例を引いて、同一性つまり共通項を見つけて、それに対して論評する。共通項を見つけることが非常に上手だったわね。

松居　そうですね。

鶴見　「さまよえるユダヤ人」と「御賓頭盧さん」はほんとに面白い。彼の比較は、パッとパッと直観から発するのね。こことここが同じじゃないか、同じものがどういうふうに違っているか――まったくいままで関係がなかったようなものを関係づけて考える。

松居　「さまよえるユダヤ人」に関しては、書いた後の熊楠自身の評価がゆれているのが非常に気になっています。もともと、インドから中央ヨーロッパに伝わった伝播論の話として熊楠は論文に書いたんですが、その後、同時発生ではないかという疑いを自分で持って、この問題については伝播論を否定するようなところまで一度書いているんです。その後に『ネイチャー』に「さまよえるユダヤ人」の最初の形の中にブッダという名を冠したものが、中世イタリアの文献に出てくるということを書いた人がいて、それを読んで、熊楠はやはり伝播論でよかったんだと、またもう一度戻っているんです。だから同時発生と伝播論は、熊楠自身にもはっきりとした基準があったわけではなく、熊楠の中でいつも迷っているところじゃないかと思います。[★4]

鶴見　そのころ、伝播論が非常に優勢であったということですか。

松居　一時、伝播論が優勢だったと思います。熊楠の

★4　松居「南方熊楠とフォークロアの伝播説」（『熊楠研究』第三号、二〇〇一年）に詳述。

いた一八九〇年代は優勢だったけれど、それがゆり戻しで同時発生になったり、どちらがどちらかはっきりとは言えないんですが、当時はヨーロッパの中でもかなりゆれていますね。

鶴見　だから自分でもそれが非常に気になったのね。現在はどうなっているの？

松居　現在は、もうちょっと微妙な問題として扱われていると思います。一八九〇年代でいえば、それに対する考え方が、アンドリュー・ラング（Andrew Lang）やタイラー（Edward Burnet Tylor）、ゴンムと、それぞれ微妙に違うんです。当時のフォークロアの学会ではずいぶん議論されています。そしてその後のこの問題に対する解釈は、必ずしも二者択一ではないようです。

鶴見　交錯してるのね。

松居　はい。たとえば違う民族がだいたい同じようなことを考えていて、そこに他の民族から話が伝わって取り入れられた場合、これが伝播と言えるのか、同時発生と言えるのかというと、微妙な問題になってきます。熊楠も後にはそうした複合性に気づいているようです。

鶴見　アリストテレス論理学で切れないということね。排中律を排すのが一番最初だと思う。排中律というのはとても困ったものだと思うの。どっちかに決めなくちゃいけないというのはね。

松居　そうですね。この伝播論と同時発生も、ある意味ではそれこそ複雑系的な問題をはらんでいて、どちらによって決まったというのがはっきり言えなくて、その伝わり方というのも、たとえばある民族からある民族に伝わった話が別の話になったんだけれど、またある民族にいくと、同じような生活環境にいるから、それがまた同じになったり。

鶴見　「猫一匹と鼠一匹」、あれも面白いわね。

松居　そういう風に現在の解釈は非常に複雑になっていているのですが、実は熊楠自信も曼陀羅論などでは二者択一ではない微妙な見方をとっているように見えます。

鶴見　ケース・バイ・ケースで決めなきゃいけない、はじめからこうだと決めてはいけないということですね。

松居　どちらか一方というわけではないと思います。

鶴見　一つのケースの中に両方入り交じってる場合もある。

松居　そういうことです。『燕石考』の中で熊楠がやっているのは、まさにそういう例のことだと思います。

鶴見　そうですね。あれはほんとに複雑に絡みあっている。あれ読んでると、頭がぐしゃぐしゃになっちゃうね。でもすごいと思うわ。

松居　そうした微妙な解釈を保っている点というのが、『燕石考』の一番評価できる点なのでしょうね。

熊楠のためらい

松居　一つ気になるのは、南方熊楠がつねに自由に視点を移動できたかというと、やはり彼なりの制約――時代的な制約、性格的な制約、社会的な制約――もあった。

鶴見　しかし萃点は移動してもいいというゆとりが彼の理論の中にはあるということ。固定しなければならないという考えではないということよ。

松居　それは生態学とか自然科学の方に生かされるというか、自然科学の方からそういう方法論をとってきたということですね。

鶴見　私は、それを彼に教えたのは粘菌だと思うの。だから粘菌というのはすごく大事だと思う。彼の人文科学に対する見方にとって。粘菌というのは、アリストテレス論理学で分類できない。生物であることは確かだけれど、動物なのか植物なのかということで論争してるでしょう、宮内省御用掛生物学御研究所主任の生物学者と……。

松居　服部広太郎との論争ですね。

鶴見　動物そのものでもないし、植物そのものでもない。その中間あたりにいるものでしょうねと、いま神谷宣郎さんは言ってるでしょう。だけどそういうのを許さないのがアリストテレス論理学だから、動物でなければ植物、植物でなければ動物になる。ある時は動いて捕食するから動物であり、ある時はじっとしていて動かないから植物であるというふうになるわけね。だから両用なの、あっちになったりこっちになったり、萃点が移動してるのよ。

松居　人間から見てると、アメーバーの方が生きていて、胞子は死んでいるけれど。★5

鶴見　だから生きてるものを死んだものといい、死んだものを生きてるという、これが人間の認識のおかしなところだという、あれも面白い考えですね。いまの脳死の問題に直接響いてくる。

松居　結局、どっちの視点から見るかによって、生と死が完全に入れ替わってしまうということですね。そう考えると、確かに視点を変えるという方法論は、熊楠の考え方の基礎と言ってよいかもしれませんね。ただやはり、そういう熊楠の制約に関しても分析して批判していかないと、熊楠の学問的な継承はできないと思うのですが。

鶴見　つまりあの「曼陀羅論」を論文としてよう書かなかったということがある。それが私はとても大きな問題だと思ってる。というのは、恐かったのよ。私はそう思ってる。つまり、いま言われている通常のパラダイムに面と向かって違うことをいうのは、とても恐ろしいのよ、学者としては。ほんとに恐いのよ。

松居　そうですね。熊楠がリード（Charles Hercules Read）に、ゴンムに紹介してもらったときに……。

鶴見　紹介状をもらったと書いてあって、ほんとに会ったの？

松居　会ってはいないと思います。なぜ会わなかったというところも面白いんですが、リードが書いた紹介状の中に、熊楠のことを"student of Herbert Spencer"と書いてある。熊楠としてみれば、ハーバート・スペンサー（Herbert Spencer）を研究しているので、そういうふうに使うというところがあってペンサーを使うと西洋の議論の中に自分が入っていけるので、そういうふうに使うというところがあって……。

鶴見　だってスペンサー批判をずっとやっているもの。

松居　スペンサー批判を英文でしっかりと書いたものは、読みましたが、ないです。一部分について批判をしているものはありますが……。さっき鶴見先生がおっしゃった、パラダイムを変えるような論文というのは、熊楠は英文では書かなかったし、書けなかったということだと思います。

鶴見　それだけの勇気、自信はなかった。それだけのちゃんとした基礎が自分にあると思えなかったと思う。だけど東洋の星座とか、細かいところでは、自分は西洋人よりもよく知ってると思ったから、そういう細かいことを書いていたんだと思うの。

松居　熊楠の英文の論文は、必ずしも細かいだけではなくて、相手が持っている視点を広げているところは評価できると思うんです。星座に関していえば、ギリシャ星座のことを書いているものに対して、中国の星座とインドの星座をつけ加えるとか、シュレーゲル(Gustav Schlegel) との論争も非常につまらないところから……。

鶴見　シュレーゲル論争は、松居さんのお得意のところね。あれはすごい、松居さんの研究（『南方熊楠　一切智の夢』朝日選書、一九九一年）は。あれは面白い。

松居　シュレーゲルの方がそれまでの言語学の範囲で考えていたのを、もっと広げて、ノルウェーから中国まで、言葉というのは宣教師によって簡単に伝わるという問題をぱっと示している。そこは、相手の視野を広げているところなので、そういう意味では熊楠の英文の論文の意味はあるんですが、ただ、論文として発表されたものでは、そこまでで止まっていると思います。

鶴見　そうなの、そこで止まっているのよ。だからひっくり返すことができない。だけどそれは時代の制約でもあり、熊楠自身のまだ足りなさであるのよね。

松居　鶴見先生はそれをひっくり返そうとされた。

鶴見　いやあ、ひっくり返したいと思ったんだけど、も

★5「故に、人が見て原形体といい、無形のつまらぬ痰様の半流動体と蔑視さるるその原形体が活物で、後日蕃殖の胞子を護るだけの粘菌は実は死物なり。死物を見て粘菌が生えたと言って活物と見、活物を見て何の分職もなきゆえ、原形体は死物同然と思う人間の見解がまるで間違いおる。……」（南方熊楠、昭和六年八月二十日付、岩田準一宛書簡）

うだめね。だから次の若い人たちにそれをやってもらいたいと思うのよ。

松居　ある意味では西洋の科学もどんどん変わってきてますから、とくに二十世紀の後半は、それまでに考えられなかった問題、熊楠が考えようとしていた問題を取りこもうという意識が非常に見えますね。

鶴見　そうです。変わってきてますからね。

松居　熊楠の曼陀羅のいろんな因果律が交錯しているあの図というのは、あれはやはり「複雑系の科学」に非常に近いですね。東大の先端科学研究所に複雑系に関する講座があるんですけれども、その講座のインターネットのホームページに熊楠の曼陀羅をおいて、複雑系のモデルという解説をつけていますね。

鶴見　ああ、面白いわね。なるほどね。だからそこまで進んできたんだ。だから熊楠は、あの時の通常パラダイムをひっくり返そうとしたのであって、いつまでも西洋に対してというのではないのよ。西洋自身も変わるし、こっちの方の変わり方が遅いと思うの。日本はますますもとへ戻りそうになっているから。「神の国」になっているから。

熊楠にとってのアジア

松居　そこでちょっとお聞きしたいんですけれども、「東国の学風」ということを柳田と熊楠がいっていて、柳田と熊楠は微妙にずれてはいるものの、二人ともかなり強いナショナリズムの意識があったのではないかと見えるのですが。

鶴見　柳田の場合は、やはり国学でしょうね。だけど南方の場合には東洋学、インドをふくんでいると思うのよ。私はインドの影響が非常に強いと思う。曼陀羅というのは仏教というよりもインド哲学だと思うのね。その意味で日本だけに限っていない。日本もその中に入れこもうとしたと思う。アジアというか、極東というか、そういうものとして考えていたと思うのよ、中国とか、インドとか。ところが中国とインドはまた違うからそれをいっしょにすることができないとすれば、私は南方の軸足はインドだと思う。

だから私は、南方からインドへという道を自分が倒れる前にもう少し勉強すべきであったという気がしていて、そのことは後悔してる。中村元さんが亡くなる前に、弟子入りすればよかった(笑)。仏教は中国から日本に渡ってきたけれど、あれは漢訳だから中国文化の中に入っちゃったのね。中国化された仏教が入ってきてる。南方は、あれだけチベットへチベットへと、土宜法竜といっしょに計画してたのに、結局、行けなかった。[★6] あれは、仏教のもとの姿がどこにいま残っているか、それはチベットではないか、ということではなかったのかしら。

松居 近代の日本人でアジア主義をとなえる人はいたけれども、南方のような形で中国とかインドとか、アジアの学問にしっかり足を踏まえてる人はいないですね。

鶴見 熊楠はアジア主義じゃないからね。軸足を中国においてるという人はかなりいたのよ。でもインドはなかなかむずかしいのよ、つかむのに茫洋として。サンスクリットという壁があるの。サンスクリットは大変よ。南方のインドへの視点はいつごろから出てきたんですか。

松居 熊楠が十二、三歳ぐらいの時に読んでいたものというのは、そもそも日本のものというよりは、中国の本草学からきたもので、『本草綱目』などを読んでいますし、それから『和漢三才図会』なども読んでいますね。面白いのは、こういう知識の基礎が中国だということですね。中国で培われた知識を日本式に解釈するというのが『和漢三才図会』などの趣旨ですから、そういう比較文化的な視点で書かれたものを小さい時からずっと読んでいて影響を受けたんじゃないでしょうか。

★6 「仁者もしチベットに行かんと思わば、仁者一人にては、小生肯えて承らず、外に証人として幾人かつれ行くべし。……仁者いよいよ行く志あらば、拙はペルシア行きを止め、当地にて醵金し、直ちにインドにて待ち合わすべし。」(南方熊楠、明治二十六年十二月?付、土宜法竜宛書簡)

鶴見　ただ、インドはどこへ入っていくか。インドというのは、すごくあの人の根底にあると思うのね。それを最近になって非常にはっきり言ってくださったのは、山田慶兒さんなのよ。一九九九年六月十九日に京都文教大学人間学研究所（所長＝ベフ・ハルミ教授・当時）主催で「創造性のかたち」(Forms of Creativity) というテーマの英語のシンポジウムが催されたとき、鶴見俊輔を通して、山田慶兒さんにスピーカーのひとりとして参加していただきたいとお願いしました。しかし山田さんからお断りのお返事をいただきました。その理由は、「自分は今、古代中国に遡って研究している。インドは自分の研究の中に全然入っていない。しかし、鶴見和子の南方論から推量すると、南方曼陀羅の軸足は古代インド哲学であるから、自分の専門外になる」という主旨でした。これは中国の古代論理学とは違うとはっきりおっしゃってくださったので、私、はっきりわかったの。私も、そうだと思うな。ただ、彼は漢籍は読めたけれど、サンスクリットは読めないでしょう。

松居　そうですね。

鶴見　中村元さんはサンスクリットを読んでいらっしゃる。だから漢籍で仏教を学んだ人と、サンスクリットで仏教学をやった人は違うと思うの。それで南方はそのことにちゃんと気づいて、チベットへ行きたいチベットへ行きたいっていっていったのね。河口慧海がチベットの仏典を持ってきたいというのも、それでしょう。だから南方がどうやってインド哲学を自分のものにしたか、ということが知りたいんです。サンスクリットは読んでないでしょう。

松居　サンスクリットはほとんど読めなかったようです。ただ、マックス・ミュラー (Friedrich Max Muller) の仕事などは熊楠はずいぶん読んでいて――アメリカ時代の後半からロンドン時代ですが――、それから先ほど出てきたヨーロッパの仏教学をずいぶん読んでいます。ヨーロッパの仏教学は仏教だけではなくて、たとえばジャイナ教とかヒンズー教との比較の中で仏教をとらえるという比較宗教学ですから。

鶴見　なるほどね。キリスト教の発展の歴史と仏教の発展の歴史は、発生の時期に何をやったかということで、ずいぶん違いがあると思うの。というのは、キリスト教はその前にあったいろんなぐしゃぐしゃしたギリシャ、ローマの神々を捨てていくでしょう。柳田が使っているハイネは、そのことをやってるわけですね。そして唯一絶対神というものをつくっていく。ところがインドで、仏教がでてきた時には、ジャイナ教とか、もっとおどろおどろしい土着のいろんな神々がいっぱいいたでしょう。そういうものを殺さなかった。曼陀羅という配置図をつくって、大日如来が真ん中にいるんだぞ、だけど他のはみんなそれぞれの場所を得ているんだぞ、というふうにつくっていったわけね。だから私、発生時において他の宗教との関係が違うんだと思うのよ。殺さなかったということが、インド仏教とキリスト教との一番の大きな違いだと思う。

それが仏教論理学に論理学的に入っていると思うの。キリスト教の基礎を担っているアリストテレス論理学というのは、排除の論理だと思うの。相手と自分が違うことによって排除していく。それはとてもすっきりするけれども、排除された者がどうなるかという問題がある。そこを南方がどうやって吸収したかということが、私はとても知りたいんだけれど、わかったわ。あの「ロンドン抜書」や、それと最初の「土宜法竜宛未発表書簡」についての、上山さんの論文を見て、どうして英文で書かれた仏教論を、こんなにいっぱい出してくるんだろうなと思ってたら、そういうことなのね。

松居　当時のヨーロッパの仏教論は、かなり偏見が強いものが多いですね。熊楠が土宜法竜に勧めている研究所の中に、モニアー・ウィリアムズ(Monier Williams)という人の『ブッディズム』という本がありますが、やはり比較しながらもキリスト教の方が普遍的だということをいうために仏教論を書いているということを、小池さんという若い研究者が指摘しています。[★7] 熊楠が読んでいた西洋の仏教論には、そういう面が多いので、熊楠はそれを逆手にとって、仏教を主にして見るとキ

★7　小池満秀「アメリカにおける南方熊楠」、二〇〇〇年、東京大学大学院総合文化研究科比較文学比較文化専攻修士論文。

リスト教はどう見えるか、仏教を主にして見るとどういう世界観が構築できるか、という方向にもっていこうとしたんだと思います。

鶴見 なるほど、それが熊楠の曼陀羅論なのね。

松居 熊楠の仏教のとらえ方は、非常に斬新ですね。仏教は、べつに釈迦がつくったものではなくて、それ以前からずっとあるものが、釈迦が一つの萃点となって統合されているという……。

鶴見 そう。だから萃点移動が可能なのよ。釈迦でなくてもいいということ。

「南方曼陀羅」というモデル

松居 曼陀羅に関しては、土宜法竜と最初に会った一八九二年の時点と、那智にこもった一九〇一年から一九〇四年の時点とでは、かなり異なっていますね。

鶴見 最初の絵図は非常に簡単なものね。

松居 那智時代の曼陀羅に関しては、どうもぼくにはわからないところが多いんです。つまりその時点では非常に気分が高揚して書いているんだけれども、それがどこまでその後の熊楠の仕事に反映されているか。鶴見先生は『燕石考』に関しては、曼陀羅的ということが言えると書いておられますね。それから神社合祀反対運動の中に曼陀羅の考え方が生かされているとおっしゃっているんですが、たとえば『十二支考』とか、その他の雑誌の論文、英文の論文とかに、そういう曼陀羅的な構造が見えるかというと、必ずしもそうではないと思えます。

鶴見 そうなのよ。まず萃点を最初に探せばたちどころにわかるようなことをいってるけれど、あの人の書いたものを見てると違うと思うのよ。やってることは、外側からいってるのよ。小さいところからいって、だんだん最後に萃点に到達するのよ。最初、萃点からだんだんに枝葉にいくんじゃないのよ。そこらへんがおかしいなと。

松居 英文のヨーロッパの学問の論文の書き方という

のは、どっちかというと、最初にズバッとこの論文は何をいいますということを書いて、そこから展開するんですけれども、熊楠の論文はそういう書き方になっていないものも多いですね。

鶴見　枝葉からいって、最後に到達する。だからむしろ、彼のいってることとは反対なのよ。そうだけれども、あれをもとにして、こちら側が現代の状況の中で何をそこから受けとることができるか。いまは排除の論理よりも多様性、多様なものを多様のまま認めあって、しかもけんかしないでやっていく、それがいま、うんと言われてることよね。多様性を認めながら、しかもそれがバラバラにならないで、一つのまとまりをもつ。その論理は、曼陀羅の論理なのね。そういう構造は、どうやったらできるのか。そこがいま、国際問題からいっても、国内問題からいっても、非常に大事なことだと思うの。それが曼陀羅の中にあると。

松居　それはわかるんですけれども、じゃあ、南方熊楠の中にそれが全部入っているかというと……。

鶴見　入ってない、入ってない。そうじゃないのよ。私が自分に引きつけていうと、そういうことになるから、これを今度はどうやって自分の方に引っぱりこめるか、というのが私の問題なの。

いま考えているのは、南方曼陀羅をどのように内発的発展論の中に取り込むかということなの。その中では、南方曼陀羅の中で非常に大事なのは「萃点」だと思う。この萃点が、もとの曼陀羅にもあるのか。萃点のことをなぜ考えたかというと、大日如来が中心にいるから。もともとの真言密教の曼陀羅では大日如来が萃点であると言っているんです。そこへ萃点をおいたんだけれども、萃点という言葉が南方の造語なのか、もとの曼陀羅にあるのか。そして萃点という南方の考えが、もとの曼陀羅にあるのか。

萃点は中心ではないの。中心にあると命令することになる、天皇制みたいになる。そこですべての人々が出会う出会いの場、交差点みたいなものなのね。そして非常に異なるものがお互いにそこで交流することによって、あるいはぶつかることによって影響を与えあう場——それが萃点なの。もとの曼陀羅に、そういうものとして大日如来はいるのか。

もともとの曼陀羅と南方の考えた曼陀羅と、その違いは萃点を設定したところにあると私は思っているの。それが、私たちがこれから考えていくコンセプトとして非常に重要だと思っている。それはもとの曼陀羅にあるのかないのか。そこらへんが知りたいんだけれど、そこはどうでしょう。

松居　南方曼陀羅といわれているものが、三枚ぐらいありますね。中村元先生が「南方曼陀羅」とおっしゃったのは、因果律の交錯した、あの図（**図A**）ですね。

鶴見　中村さんは「自分は熊楠は読んでません」とおっしゃった。あれを見て「ああ、これは『南方曼陀羅』でございますね」と、即座におっしゃった。だから私がびっくりしたの。

松居　熊楠の土宜法竜宛の書簡（明治三十六年七月十八日）の中で、あの図が突然出てきたわけではなくて、その前の段階として釈迦と仏教の生成のことを熊楠が書いているところがありますね（明治二十七年三月四日）。釈迦の前に盧遮那仏とかいろんな仏がいて、それを網の目状に書いていて、その網の目状の一つの点が釈迦だよと書いてる図（**図B**）があります。この図は、ちょうど因果律の「南方曼陀羅」の前段階だと思われます。因果律の曼陀羅はこのもう少し後になると思うんですけれども……。この図は何か月か後の図なんですが、その前の図で、釈迦がこれで、その前のいろんな盧遮那仏とか、仏がこうなっていて、それが網の目状になって、仏教の教えが伝わって、釈迦はそれをまとめたんだと。さらにこういうふうになっていて、網の目状の一つ一つの間にはもっと多様な線があって、多様な流れがあるんだというのを書いているんです。で、そのことを押し進めていくと、例の因果律曼陀羅の図になるのではないかと思えるのですが……。

鶴見　これは直線ね。これが曲線ね。

松居　これは簡単に書くとこうだけれど、一つ一つはこうだと書いてますから、これがちょうどあの図の前段階にあたるというふうに……。

鶴見　その時にそれを曼陀羅と呼んでいるんですか。

松居　これは呼んでないですね。熊楠の書簡を読むか

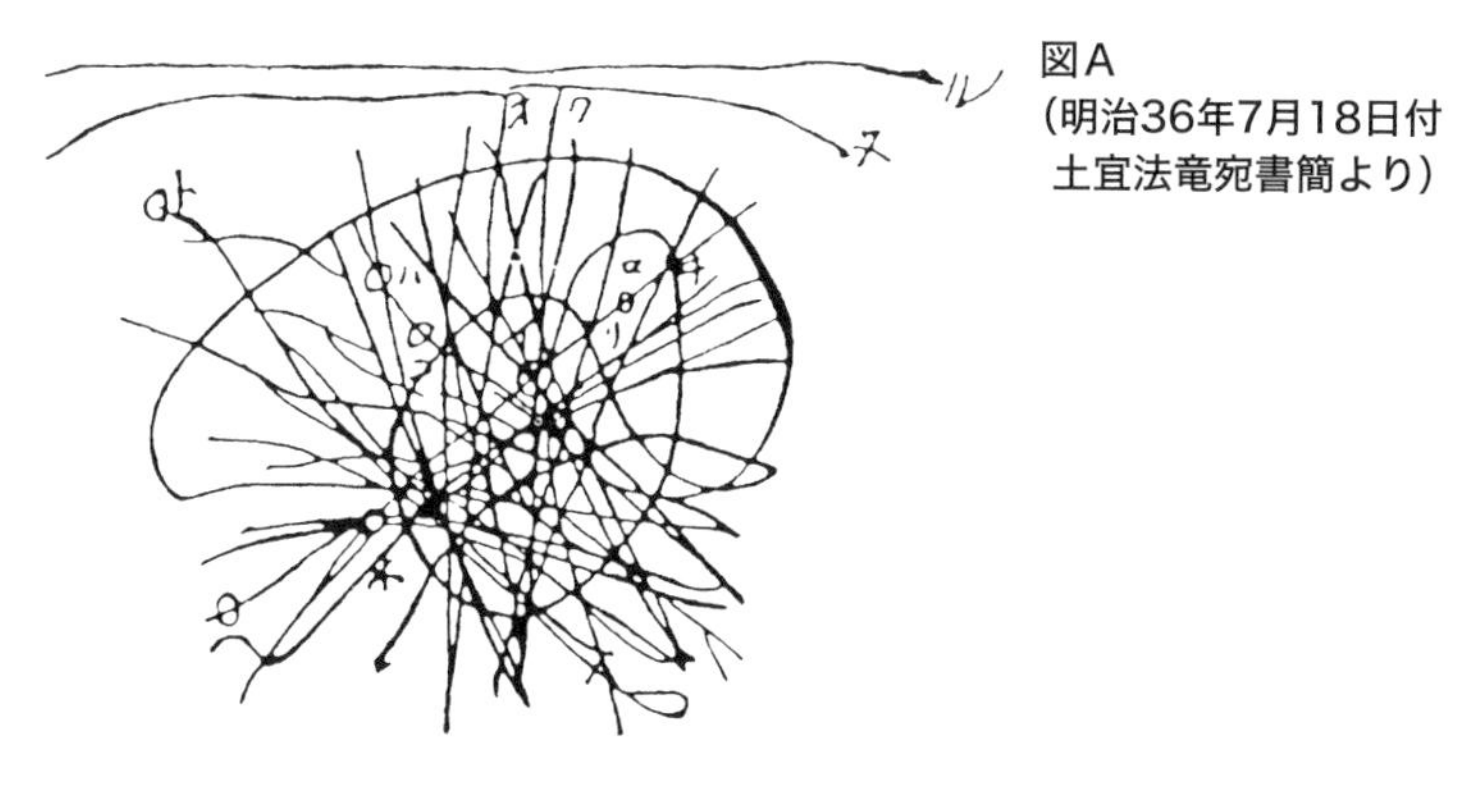

図A
(明治36年7月18日付
土宜法竜宛書簡より)

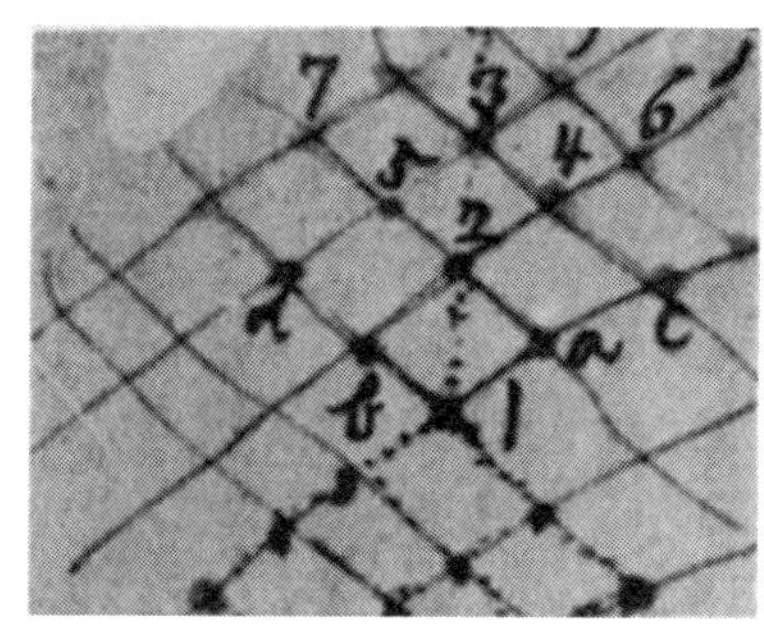

図B
(明治27年3月4日付
土宜法竜宛書簡より)

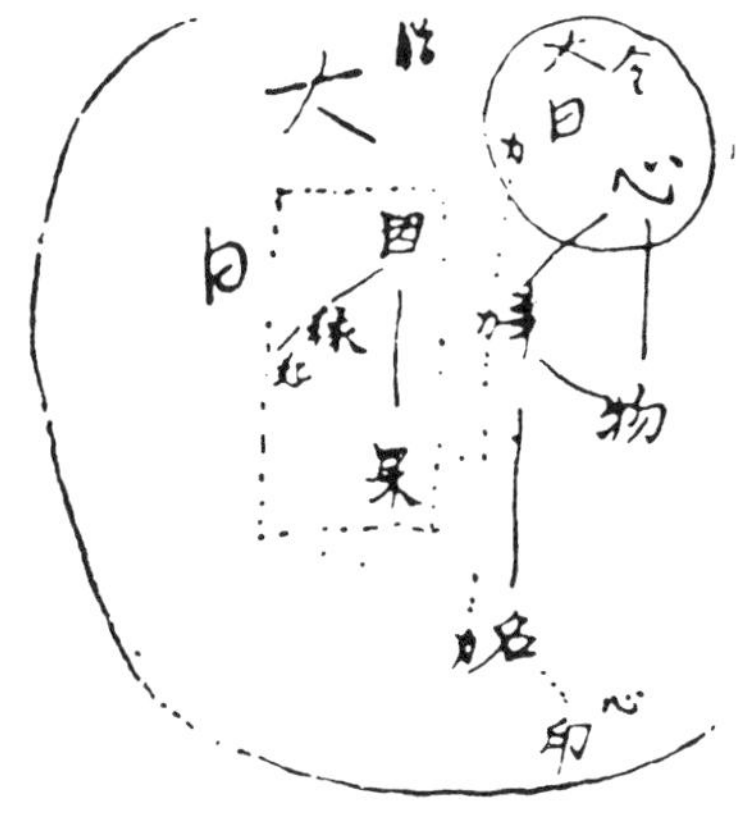

図C
(明治36年8月8日付
土宜法竜宛書簡より)

ぎりでは、熊楠自身が一番曼陀羅といっているのは、最後のもの（明治三十六年八月八日）ですね。これから曼陀羅を書くぞ書くぞ、といって書いてるのは、あの図（図C）だという意味ですが。

鶴見　そうです。あそこにはじめて曼陀羅の技法とか、曼陀羅の手法とか、つまり方法論としての曼陀羅という考えが、はじめてでてきますでしょう。

松居　熊楠自身が曼陀羅と呼んでいるのは、これよりもむしろこちらになりますね。

鶴見　ところが曼陀羅の手法ということがでてきたのは、ここですね。

松居　そうです。だから確かに熊楠の考えてる曼陀羅というのは、一つの図ではなくて、このあたりの自分の考え方すべてを総称として曼陀羅といっているんでしょうね。

鶴見　そう。「曼陀羅と考えている」と考えていいですね。その他にもいろんなのがあるからね、その間に。

松居　それが密教の曼陀羅の中にあるかと言われると、私はあまり詳しくないんですが、伝統的な仏教式曼陀羅の中に萃点というものはないように思います。

鶴見　そうでしょう。萃点というのは彼の造語だと思うの。ただ、仏教というものがポッと出てきたんじゃなくて、多様なものの集大成として出てきたということだけは、はっきりしてる。それを萃点と。アリストテレス論理学では矛盾対立するものを、いっしょに包摂した、そういうものとして萃点を考えたとすれば、そういうものとして曼陀羅はあったということが原点にあると思うんです。だから造語としても、曼陀羅ということばをそのように読みかえたということは言えますね。

松居　熊楠の使ってる曼陀羅ということばは、密教の曼陀羅を頭に浮かべながら言ったというよりも、むしろ学問モデルというような意味で曼陀羅といってるいるんでしょうね。

鶴見　そう、モデルという考えなの。だからむしろ西洋論理学から見てるのよ。モデルという考えはないんだから、密教の中に。

松居　この時期の土宜法竜の書簡がないので、詳細がわからないのは残念ですね。

鶴見　それはないの？　私、とても知りたいんだけれど、今度、上山さんが未発表書簡を発見したからには、あるのかなと思ったんだけれど。どこを見てもないから、「土宜法竜の南方熊楠宛書簡」はどうなっちゃったんだろう。南方の書庫にはないのね。

松居　ないですね。

鶴見　だけどもらったんでしょう。

松居　断片的にはいくつか出てきてますけれど、この時代のものはほとんどないですね★8。

鶴見　そうすると土宜法竜は返事を書かなかったの、曼陀羅の手法ということに対して。

松居　かなり少なかったんじゃないかという印象を受けますけれども、土宜法竜からの書簡自体が。

鶴見　土宜法竜はぶつけられたけれど、それに応えることはできなかったんだ。

松居　そう見えますね。土宜法竜が一番学問的に脂が乗っていたのは、熊楠と最初に会った、世界宗教会議でパリに行って、ロンドンからパリに行った、あの時のことというのを土宜法竜の自伝の中でも一番中心に書いてますから、それ以降はそれほど学問に対して情熱をもってなかったのではないかと思います。

鶴見　でもあれから大学をつくるという話がありましたね。それでそこに南方を招聘するという話が……。だから大学つくるというのは、行政家になっちゃったんだ。

松居　行政が中心だと思います。熊楠の方にしてみれば、土宜法竜という仏教の、ある種の権威に対して挑戦する気持ちもあって……。

鶴見　挑戦より、なんかしらないけれど、調子としては教えてやる。つまり真言宗の学派を広めるために、彼を啓蒙する、そういう感じなのね。

松居　そういう文脈からいくと、この曼陀羅というのがそれほど仏教、密教の曼陀羅と深い関係にあるというよりは、むしろ……。

★8　この対談の直後に行われた南方熊楠旧邸調査で、相当数の土宜法竜からの那智時代の来簡の存在が確認された。

鶴見　彼の創作ね。彼のモデルね。

松居　そうです。土宜法竜に対して、密教の曼陀羅というけれど、こういうモデルとしての曼陀羅もあるんだよとぶつけたんじゃないかと。

鶴見　そうだ、そうだ、そういうことだ。教えてるんだ。だから熊楠のつくったモデルであると。ちゃんとそう言い切っちゃっていいのね。私がそういうふうに言い切っちゃったんだけれど。「南方曼陀羅」というモデルなの。だからこっちは、そのモデルを分析すればいいわけよ。

松居　と思いますね。

鶴見　じゃあ、それでいいことにしよう。松居さんのお墨付きだから。松居竜五さんが南方を代弁してるのよ。

松居　それは困りました。

偶然と必然

松居　鶴見先生は、偶然と必然のことをこの曼陀羅に関してはずっと書いていらっしゃる。[★9] つまり熊楠が言っているのは、西洋科学は必然性の世界を追い求めてきたけれども、偶然という要素が入ってないかぎり、社会現象というか、人間の世界のことは記述できない、と。

鶴見　自然界でも隕石が偶然にぶつかるとか、偶然の要素はある。まして社会現象では、偶然の出会いがそれからの進路に影響を与える。

松居　そこがよくわからないんですが、偶然を入れてしまうと、逆に科学としては成り立たないというか、そこにどういう科学に代わるものがありえるのかというのが素朴な疑問です。一見偶然に見えるものでも、見方のレベルを変えていくと、必然と見えてくるというのであれば、科学の範疇に入ることだと思うのですが。

鶴見　そういうふうに言えないこともないけれどね。つまり必然というのは、自分がこういう方向に行こうと決めて行く、ところが途中でまったく考慮に入れてなかったこととの出会いが起こって、ここへ行くつもりだったのが結局曲がっていくという。直線に行くのが必然だとすれば、偶然によって曲線になる。山田慶兒さんが、南方が土宜法竜宛書簡（一九〇三年七月十八日付）の中で描いた図を拡大鏡で見たというの。「この中には曲線と直線がある。直線が必然であって、偶然が曲線である、そういうふうに考えたらどうか」と言ってくださったの。だから必然が全然ないといっているんじゃないの。だけど必然だけで見ることはできないのではないか。

つまり、予測するのが科学の目的であるというけれども、予測不可能なことがたくさんある。偶然性を考慮に入れると、予測不可能になるでしょう。そのことを言ってるんだと思う。予測不可能をどういうふうにするかというのが、プリゴジーヌ（Ilya Prigogine）やなんかのむずかしい数学になるわけでしょう。そういう数学のことは私はわからないけれど。必然なら非常にやさしい方程式で解けるものが、偶然を入れると非常にむずかしい数学の式になるという、そこのところは南方は論じてない。予測不可能ということをどうするか。

私の社会学の先生であるリーヴィ（Marion J. Levy Jr.）でさえも——彼はばりばりの近代化論者ですが——予測不可能なことが起こると言っているのよ。[★10] つまり、近代化のもっとも大きい問題は、子供たちを"unknown future"（知られざる未来）へ向けて社会化することであると。必然的にこうなるであろうという仮説を立てながら、しかし近代化の未来は"unknown"であるといっている。昔は必ず、このような社会がつづくから、このように育てるということがわかっていたんだけれど、いま、そうならないかもしれないんだから。そうした

★9　本書一二七～一三〇頁。また『コレクション鶴見曼荼羅Ⅴ　水の巻』四六四～四七〇頁を参照。

★10　Levy, Marion J. (1918-) プリンストン大学名誉教授。一九六二年、初の女性の一人としてプリンストン大学大学院に入学した鶴見和子は、彼のもとで比較近代化論を学び、六六年、社会学のPh. Dを取得した。

ら、子供の社会化は、多様な未来に向けて柔軟性をもって、その場その場で自分で考えて対応できる、そのような子供の育て方をしなければならない。それが一番大きい問題だということをはっきり言ってる。リーヴィは頭のいい人だから、自分では近代化のシステムを非常にがっちり組んだけれど、これだけじゃないんだぞということを言ってるのよ。それが偶然性だと思うのね。

熊楠と環境保護

松居　鶴見先生の南方熊楠論で一番面白いのは、他の人は――ぼくは典型的にそうなんですが――熊楠のことを研究して、なかなか熊楠から出られないんだけれども、鶴見先生はそれを自分の方向に引っぱってきて、熊楠を自分のために使おうとなさっている。

鶴見　使いたいのよ、私は。自分のために何が有益かということをしょっちゅう考えているの。柳田についてもそうなんだけれど。

松居　だから鶴見先生の書いていらっしゃる熊楠は、非常に明るいんです。熊楠のいい面というか、鶴見先生が「ここが読みたい」という点をすっと引き出してこられている。鶴見先生の南方論を読んでると元気になるんですが、よく考えてみると、熊楠にはもっと暗い部分、批判されるべき部分もある。この人はやはりイギリスでけんかしてるだけあって、非常にカッとなって問題を起こす人ですね。神社合祀反対運動などでも、奥さんの松枝さんの立場からみたら、とんでもない人だと思うんですけれども……。

鶴見　だって殺そうとしてたんだもの。

松居　そうですね。包丁を振り上げて……。

鶴見　その場に立ち会った人から私は話を聞いたのよ。もう亡くなったけれど。野口さんという瀬戸物屋さん。玄関をガラッと開けたら、もう馬乗りになって、熊楠が奥さんに包丁を振りかざしてたっていうのよ。そこに出会って、「私が止めたんです」という話を聞いたの。奥さんは苦労したのよ、ほんとに。でも奥さんは偉かったのよ。書庫を売っ払ったりしないであのままに残したんだから。そしてそれを娘の文枝さんが受け継いだんだから。

松居　神社合祀反対の中で熊楠はいろんな活動をしていて、成功した部分もあるし、結局できなかった部分というのもかなり多い。さらにその後の問題もある。熊楠が守ろうとした森が、今どうなっているかということを、後藤伸先生という田辺の昆虫学者が調査していらっしゃいますけれども、ほとんどだめです。[★11] とくに戦後の高度経済成長期に全部木を伐られて、はげ山になったところがかなり多い。

鶴見　合祀令とは関係なくね。

松居　そうですね。まだ熊楠がいた神社合祀令の段階では残っていたものが、その後、根こそぎやられているということがあります。そうすると、確かに熊楠の活動を評価するのは必要ですけれども、その後の経過を抜きにして言っても、それこそ希望しか見ないで現実を見ないことにつながるのではないかと思うんですが。

鶴見　だけどその時点では先駆的であったのね。だって足尾銅山だってそうでしょう。田中正造のやったことはすばらしいことだったけれど、結局、あそこはいまでも遊水池になっているからね。

松居　鶴見先生の内発的発展論の中で、近代化論は人間と自然との関係を重視する方向性を切り捨ててきた、と書いていらっしゃるんですが、非常に陳腐な質問かもしれませんが、具体的に自然と共生するということがどういうことか、イメージが思い浮かばないんです。どういうふうに鶴見先生はイメージされているんですか。

鶴見　悪い方向には向かっているけれど、人間の意識としては、これ以上破壊してはいけないという方向にいってるのではないかと思うんです。たとえば、原発はどんどん進んで、またひどいことになってるけれど

★11　後藤伸「南方熊楠の森」（『くちくまの』、一九八三〜五年）。また、後藤伸『虫たちの熊野――照葉樹林にすむ昆虫たち』（紀伊民報、二〇〇〇年）も参照のこと。

ね。なるべく自然のエネルギーを使う。太陽光線を使うとか、水車を使うとか、風車を使うとか、そういう実験や研究がだんだんに進んできている。それは非常にお金がかかるし、すぐに方向を変えることはできないけれど、少なくともそういう方向にいこうという動きは出てきてるんじゃないですか。一九九八年南方熊楠賞(自然科学の部)を受賞された四手井綱英さんは里山の研究と保存に貢献された方ね。それから都会からもう一度、田舎へ帰って、そこで子供を育てようと志す人が出てきたことなど。ただ全体として自然破壊の方向をひっくり返してしまうことはできないでしょうけれどね。

そういう点での一番の先進国は、北欧じゃないでしょうか。デンマークは投票でユーロに入ることをやめたでしょう。自分たちはこれ以上、生活をあげる必要はないんだということをいって。一番先に「オルタナティブ・ディベロップメント」をいいだしたのは、スウェーデンのダグ・ハマーショルド財団ですからね。不思議なことに北欧にはそういう運動が出てきてますね。それからアメリカもイギリスも、原発をなるべく減らしていく方向にきてるでしょう。日本だけですね、どんどん進めようというのは。何事か起こっても進めるという。そういう動きからすれば、歩みはのろいけれども、かなりどん底まできて、もう一度やりなおそうという兆しはでてきてると思いますけれどね。

松居　こんなことをいうのは、ぼくの役ではないと思うんですが、たとえばイギリスに行って驚くのは、川の河口あたりにずっと葦があって、そこは沼地がずっと広がって残っているんです。日本はほとんどそういうところがなくなってきて……。

鶴見　きれいに近代化されています。堤防はどんどん高くなる。

松居　イギリスの自然は、全体的には破壊が進んで、森が消えて、その後に人間がかなり使いやすくした自然なんですが、それにしてもやはり日本と比べると、現状ではイギリスの方がずっと自然を大事にしているところがある。そう考えると、日本人が自然とのつながりが強いというようなことは、恥ずかしくて言えないんじゃないかと思うんです。

鶴見　ほんとにそれはそうですね。だから二極分解してると思うんです。水俣とか、熊野でもそういう運動をやってる人たちもいるしね。それから東北ね。いま「東北学」を赤坂憲雄さんが中心になってやっているでしょう。東北に行って、普通の人たちに話をきいてみると、ほんとに自然の中に生きていこうという形で生きてる人たちがいる――アニミズムが残っているのよね、ほんとに驚くほどに。

都会から、東京から遠くなるほど、つまり「辺境から新風」をというのは南方方式だと思うのよ。「紀伊那智　南方熊楠」と署名して、ロンドンに発信してましたね。ロンドンから見れば、紀伊那智というのは辺境の辺境ですよね。ロンドンから帰ってきて、当時の辺境であった日本の、そのまた辺境に居を構えて、そこから発信していった。辺境から発信していく、そういう形はいまでも日本の中にまだ残ってる。

それがさきほどの石牟礼文学とか、渡辺京二とか、そういう人たちによって、また活性化しようとしている。赤坂憲雄みたいに、東北から東京に出ていって、また東北に帰ってちゃんと基地をつくって、そこからまた発信していく。辺境から新しい風――これは南方方式だと思う。それをいまやってる人たちがいるかぎり、私はそういう人たちに賭けていきたい――そういうふうに思っているんです。

もうこれは負け戦であることは確かですよ。けれどもその火を消さないということが、私は大事だと思う。そしてそういう動きが、やはり第三世界の核になっていくと思うの。それをつないでいく。いまある環境破壊を、辺境からなおしていく――私の言葉でいえば「回生」していく――動きが、公害先進国日本の中でさえ、というより、だからこそある。

大勢に乗っかって近代化を押し進めれば、事は片づくの。そうすれば破滅は早く来る。その方がいいと思う人もあるかもしれない。自分がいま生きているあいだだけよければいい、と。私はもう命が短いから、自分が生きてる時間が短いから、これでいいわと思った方がいいと思うけれど、女はとてもそんなふうに考えられないのね。もっとずっと先の命というものがあり続けてほしいと思うのね。

松居　ほんとに意外なぐらい、男性と女性とで違うみたいですね、そのあたりの感覚が。

鶴見　違うわよ。「男一代」というでしょう。ほんとに一代のことを考えて、一生懸命、権力闘争をやったりしてるわけ。女から見ると、お気の毒さまという感じもしないではないわね。そんなものじゃないんじゃない？　もうちょっとゆったりかまえて、自分が死んだ後どうなるか、そこに希望が持てないかな、と考えるのよ。女と男とはものの考え方のスパンが違うんじゃないかなと思うの。

松居　それは何なんでしょうね。女性の身体感覚もあるだろうけれども、そういう文化的なもの、伝統のようなものというのがあるのでしょうか。

鶴見　身体感覚はもちろんあると思いますね。私のように独り者で子供がいなくても、やはり先の命ということはとても気になりますね。そこに希望がなければ希望がない。

松居　面白いですね。

鶴見　そういう意味で南方熊楠は男だったのか、女だったのか。

役者・南方熊楠

松居　この『熊楠研究』に原田さんという調査に加わっている人が書いてますが、この方も非常に面白い視点を出していますね。[★12] 彼がいっているのは、熊楠の神社合祀反対運動は、かなりパフォーマンスの要素が強いと。南方は『牟婁新報』という毛利清雅がやっていた新聞にずっと書いてますが、「南方先生にインタビューに行ったら云々…」という記事を、熊楠が自分で書いているんです。そういうパフォーマンスとして神社合祀反対運動を展開していて、それが熊楠がロンドンから日本に帰ってきた時に、日本の現実に合わせて、その中で自分が何ができるかということを考えた結果で、けっして学者として客観的に書いたものを出すというスタンスだけではなくて、事件そのものの中に自分が巻き込まれるようなスタイルで書いているということを原田さんは分析している。それは非常に面白いと思います。

鶴見　南方は俳優でもあったんだ。役者でもあったんだ。

松居　捕まってますね、拘留されてますね。あの時に集会に乱入して行って、信玄袋を投げつけたというのも、あれも一週間ぐらい前に、そういうことを自分がするかもしれないということを書いていて、ある種のパフォーマンスとしてつくったんじゃないかと。

鶴見　シナリオをつくっておいてやった。シナリオライターでもあり、役者でもある、と。

松居　そのせいで拘留されることを、どこまで考えていたかという判断はむずかしいですが、一つの考え方としては、熊楠は拘留されるために行ったのかもしれない。

鶴見　ああ、それは面白い。これはヘンリー・デイヴィッド・ソロー（Henry David Thoreau）みたいね。たった一夜、拘置所にいたということで、市民運動の歴史に残ったの。「市民的不服従」の歴史に残るパフォーマンスよ。ソローのパフォーマンスと、ちょうど自分を……、ああ、南方はソローを読んでるからね。それでソローといっしょにしてるでしょう、鴨長明を。『方丈記』を英訳したときに、“Japanese Thoreau of the Twelfth Century” というタイトルをつけましたね。だから自分も同じように、ソローをやってやろう、自分は二十世紀のソローだ、そういうふうに考えたんだ。わかった。

松居　その可能性は高いと思います。

鶴見　そうか。十二世紀のソローと、二十世紀のソローが日本にいましたよと、そういう実績をつくったんだ。そう考えるとますます面白くなる。

松居　日本に帰って、田辺に住んでからの熊楠の行動には、そういう演劇的な要素がずいぶん多くなってくるんじゃないかと思います。神社合祀反対運動はとくにそういった、演じている、パフォーマンスの部分が

★12　原田健一「テクストとしての南方熊楠」（『熊楠研究』第一号、一九九九年）

ある。もちろんそれはうそではなくて、そのことによって運動を広めようという意図があったと思いますが……。

鶴見　なかなか考えてるもんだな。

松居　昭和天皇と会った時なんかも、彼なりのパフォーマンスというのが……。

鶴見　キャラメルの箱、キャラメルだっていいじゃないかというような、彼なりの演出ね。なるほどね。それは面白い観点だわ。私、まだ役者としての熊楠は考えたことがなかった。それは面白い。

おわりに

松居　鶴見先生は、熊楠の英文は非常にしっかりした英文だと書いていらっしゃって、ぼくもそう思いますが、時々ちょっとわかりにくいところもありますね。

鶴見　だれかにちゃんと直してもらったわけじゃないからね。でも編集者が直すでしょう。

松居　『ネイチャー』の編集者はあまり直さなかったんじゃないですか。

鶴見　エディトしてくれる友だちがいたのかしら。

松居　アーサー・モリソンが熊楠の文章をいつも直していたはずです。ただアーサー・モリソンは文学者、小説書きですから、そういう意味で時々、直すときに凝りすぎているのではないかと思いますけれども。

鶴見　でも立派な文章だと思います。熊楠は、それで「あぶな絵」の下に解説を書いているでしょう、生活のために。あれを岡本（清造）さんにちょっと見せていただいたの。岡本さんが持っていたので。

松居　それはいまはもうないですね、その資料は。

鶴見　ところが、学生運動の頃に、学生が見たいというので岡本さんが持ち出して見せたらなくなっちゃった。だからいま全然見られない。私は無くなる前に見せていただいたんだけれど、その文章がなかなかいいのよ。論文の文体とはまたがらりと違う。私、驚いたの。こんな文章が書けるのかと思って……。論文は習えば書ける。だけどああいう、ほんとになんとも言えない文章は普通は書けないのよ。

松居　そうですか。どんな文章だったんですか。

鶴見　内容は、枕絵でしょう。その解説を書いているんだからね。枕絵的文章なのよ。ほんとにすごいのよ。私、びっくりしちゃった。

松居　枕絵というのは完全に春画ですね。いつごろのものですか。

鶴見　生活にだんだん困ってきて、あれを売ってる人とお友だちになった頃のものです。

松居　加藤章造ですね。枕絵そのものは江戸の後期ぐらいですか。

鶴見　そうです。あれは貴重な文献ですよ。あれだけのくだけた英語、ヴァナキュラーな英語が書けたということは。ところが論文は硬い英語なのよ。両流を書き分けたということはすごいですよ。だからパフォーマンスなんですよ。

松居　それはでも見たかったなあ。一枚だけですか、その時見たのは。

鶴見　その時見せていただいたのは二、三枚ね。束になってあったと思いますよ。それが全部なくなっちゃった。(南方)文枝さんからうかがったの。

松居　学生が持って帰ったんだったら、売りとばして、どこかに残っている可能性がありますね。

鶴見　だけど価値がわかるかねえ。ともかく岡本さんは見せてくださったけれど、その後はお目にかかってないの。文枝さんから、岡本さんが亡くなった後で聞いたの。

松居　文枝さんもどちらかというと、そういう性的な話題に関しては避けようという感じのタイプの方だったので、真相はちょっとわからないですね。

鶴見　わからないわね、文枝さんも亡くなられたいまは。

松居　文枝さんの日記が出てきましたね。

鶴見　あら、いつごろの？

松居　熊楠が生きていたころからのがあるんですけれども、今度、その追悼文に書いたんですが、熊楠は死ぬ時に、「野口、野口、熊弥、熊弥」と夜中に言って、それで亡くなったとされているんですけれど、そうではなかったようです。

鶴見　野口利太郎さんというのは瀬戸物商の方ね。その方にいろんな話を聞いた。熊楠が一番信頼して、熊弥さんのことを全部頼んでいた。

松居　文枝さんの手記（『父 南方熊楠を語る』）の中にそういうふうに出てくるんですけれども、文枝さんのその時書いた日記を読んでいたら、じつは熊楠は、「野口、野口。文枝、文枝」と言っているんです。文枝さんは自分のことを出すよりもお兄さんのことを出したいというので、手記の中で文枝を熊弥に変えられたんです。★13

鶴見　私、熊楠は文枝さんをほんとに信頼してたと思う。だから野口さんを信頼し、文枝さんを信頼していて、私はその方が正しいように思うわ。文枝さんがほんとに熊楠のためにつくしたのよ。お母様の松枝さんが亡くなってから、ほんとに文枝さんが背負って立ったものね。研究者をほんとに優遇してね。それはえらかったと思うわ。

今日はいろいろ教えていただいて、ありがとうございました。

松居　いえ、こちらこそ、ありがとうございます。

■長時間にわたり、刺激的なお話をありがとうございました。

（二〇〇〇年十月一日　於・京都ゆうゆうの里、鶴見和子室）

★13　この経緯については、松居「南方文枝さんを偲ぶ」（『熊楠研究』第三号、二〇〇一年）を参照。

Photo by Ichige Minoru

あとがき

この本のⅠからⅢまでは、『南方熊楠――地球志向の比較学』(『日本民俗文化大系』第四巻、講談社、一九七八年。講談社学術文庫、一九八一年)以後、一九九五年十二月二十四日に脳出血で斃(たお)れるまでに熊楠について書いたものである。Ⅳの松居竜五さんとの対談は、斃れてのちの二〇〇〇年十月一日におこなった。したがって一九九五年十二月二十四日は、わたしの命日である。そしてそれ以後は回生の日々である。したがってこの本は、回生以前と以後に相渉っている。とりわけ松居竜五さんとの対談からわたしが学んだことは大きい。ここでは、回生以前に南方曼陀羅について考えていたことを、回生以後の現在から振りかえって考え直したことを、簡単にまとめておきたい。(回生以前に書いたものについて、詳しくは『鶴見和子曼荼羅Ⅴ 水の巻 南方熊楠のコスモロジー』藤原書店、一九九八年を参照されたい。)

松居さんとの対談で明らかになったことは、南方が真言密教の曼陀羅図を科学方法論のモデル(ある理論体系の中の基本的な命題を一目瞭然の絵図として示すこと)として読み替えたのは、十九世紀の西欧の自然科学の方法論と大乗仏教の論理とを、仏教の原典に照らしあわせ、格闘させて紡ぎ出したのではないことである。むしろ、当時の西欧の学者のあらわした仏教論および熊楠自身の幼時の体験の中にあった真言密教の訓(おし)えと、十九世紀西欧の自然科学の支配的パラダイムとを格闘させて創り出したものだということである。わたしは、真言曼陀羅との厳密な比較をしなければ、南方曼陀羅の謎ときはできないと長い間考えつづけていた。そしてそのことについて、教えを乞いたいと願っていた中村元博士の逝去によってその望みが絶たれたことを、とり返しのつかないことと悔やんでいた。しかし、松居さんと、南方熊楠資料研究会の最近の調査研究（『熊楠研究』一・二・三号）によって、南方曼陀羅の生成過程がしだいに明らかになるにつれて、わたしは、仏教の原典との比較にこだわりすぎていたことに気付いた。それよりも、モデルとしての南方曼陀羅を、どのようにして、内発的発展論を深めるために役立てるかを、残された時間の中で集中して考えてゆくことにした。

この本の副題――「萃点の思想」――の名付け親は、藤原良雄さんである。南方曼陀羅の特徴は、「萃点」にある。「萃点」という言葉は熊楠の造語であろう。もともとマンダラとは土の壇といういみであって、真言曼陀羅は、大日如来をまん中において、諸仏、諸神をそれぞれの位置におく配置図であった。熊楠は大日如来の居場所を「萃点」（あつまるところ）とおきかえることによって、矛盾対立するものも含めてあらゆる異なる要因、文化、思想、個体等々が交流し、影響しあい、またそこから流出する場として設定し直した。曼陀羅を配置図として考えればスタティック（静態的）であるが、これを萃点を通して諸要因のあつまりあう場と考えれば、ダイナミック（動態的）なモデルとなる。

南方曼陀羅を、社会の変化の過程をたどる方法のモデルと考えれば、内発的発展論に導き入れる手がかりがつかめる。これから生命あるかぎりこのことを考えてゆきたい。

熊楠の書庫を、かれの死後ほぼ完璧なすがたで守られたのは、松枝夫人であった。そして松枝夫人亡きあと、長女の文枝さんが受け継ぎ、わたしたち研究者を導き助けて下さった。その文枝さんが二〇〇〇年六月十日逝去された。松枝夫人と文枝さんの熊楠研究への心のこもるご尽力と貢献に深く感謝する。

現在は田辺市の南方熊楠邸保存顕彰会によって書庫を含む南方邸の保存は引き継がれている。熊楠の書庫は、熊楠研究の宝の山である。松居さんをはじめとする研究者グループによって、この宝の山の探検は現在進行中である。今後どのような新しい宝ものが発掘されるか楽しみである。いずれ南方熊楠研究所が設立され、熊楠研究は未来に向かって新しい学問の道をひらくことを期待する。

二〇〇一年四月二十九日

鶴見和子

対して持つ魅力を最大限にすくい上げている。逸話には事欠かない人物だけあって熊楠を題材とした漫画は他にも多い。

米山俊直『クニオとクマグス』（河出書房新社、1995年）

柳田國男と南方熊楠という二人の人物のライフ・ヒストリーを交錯させることで、その交点に生じた日本民俗学という学問の歴史性を浮かび上がらせようとした著作。

III　本書初版刊行時の南方熊楠に関するブックガイド

飯倉照平『南方熊楠——森羅万象を見つめた少年』（岩波ジュニア新書、1996年）

少年時代から青年期にかけて、南方熊楠が和漢洋の書籍の筆写と生物世界の観察を通して、森羅万象を扱う学問に目を開かれていった過程を分かり易く解説したもの。新書であるが、写真・図版を多用して新資料と最新の研究について手際よく紹介している。

小幡欣治『熊楠の家・根岸庵律女——小幡欣治戯曲集』（早川書房、2000年）

1996年の芸術座の芝居「熊楠の家」のために書き下ろされた脚本。熊楠の神社合祀反対運動とそれに振り回される妻松枝、そして精神に障害を受ける息子熊弥の関わりを描いている。杉本苑子の『阿修羅の妻』（読売新聞社、1980年）も同様のテーマを題材としたものであるが、こちらも2000年に俳優座によって舞台化された。

神坂次郎『縛られた巨人——南方熊楠の生涯』（新潮文庫、1991年）

超人的とも言える南方熊楠の博覧強記と強烈な個性を、小説として蘇らせた作品。津本陽『巨人伝』（文春文庫、1992年）とともに、いわゆる南方熊楠ブームの火付け役となった。

近藤俊文『天才の誕生——あるいは南方熊楠の人間学』（岩波書店、1996年）

南方熊楠の生涯と思想を、精神分析的な手法を用いて考察したもの。熊楠の心のひだに細かく分け入って分析した結果、豪放磊落な性格を強調する従来の論では見過ごされがちであった熊楠の心理的繊細さが浮き彫りにされている点に特色がある。

中沢新一『森のバロック』（講談社学術文庫、2006年）

南方熊楠のテクストを現代思想とリンクさせようとする試み。曼陀羅論やセクシャリティの問題など対する多層的なアプローチは、熊楠の思想を考える上でのさまざまな課題を明らかにしている。

松居竜五『南方熊楠　一切智の夢』（朝日選書、1991年）

ロンドン時代の南方熊楠について、当時の英国・ヨーロッパの学問的動向と関連させながら跡付けたもの。大英博物館や民俗学雑誌での熊楠の研鑽と活動を、新資料を発掘しながら実証的に分析している。

水木しげる『猫楠——南方熊楠の生涯』（角川ソフィア文庫、1996年）

妖怪漫画の第一人者が、猫から見た「猫語」も話す異能の学者熊楠を活写。水木は以前にも『怪傑　くまくす』を発表しており、熊楠という人物のイメージが私たちに雑誌や事典のかたちで、さまざまな知の蓄積の試みがなされており、漢字圏の浩瀚な知識を持つ熊楠はそうした需要に対して恰好の存在であったと、著者は結論づけている。

安藤礼二『熊楠——生命と霊性』（河出書房新社、2020年）

19世紀末の心霊主義の文脈の中で、南方熊楠の思想をとらえ直した著作。進化論と神秘主義や仏教が並行しながら語られていた時期の思想的文脈の中に、熊楠もいたことを明らかにしている。

飯倉照平監修／松居竜五・田村義也・中西須美訳
『南方熊楠英文論考［ネイチャー］誌篇』（集英社、2005年）
飯倉照平監修／松居竜五・田村義也・志村真幸・中西須美・南條竹則・前島志保訳
『南方熊楠英文論考［ノーツ アンド クエリーズ］誌篇』（集英社、2014年）

南方熊楠の思想が、同時代の英国の雑誌上での議論の中で生まれてきた「問答形式の学問」であるという指摘は、鶴見和子の熊楠理解の根幹であった。科学雑誌の『ネイチャー』と民俗学雑誌の『ノーツ・アンド・クエリーズ』という二つの雑誌に掲載された熊楠の英文論考を翻訳し、その議論の経緯を詳しく紹介したこの二冊の翻訳書によって、ようやくその全貌が明らかとなった。

奥山直司・雲藤等・神田英昭編
『高山寺蔵 南方熊楠書翰——土宜法龍宛1893-1922』（藤原書店、2010年）

2004年に京都の高山寺で発見された南方熊楠から土宜法龍への数多くの書簡は、「南方マンダラ」に関わる熊楠の思想の読解を根本的に一新するできごとであった。本書はその新資料をあますところなく紹介するとともに、背景についてもていねいな注釈で解説している。

『熊楠研究』1～15号
（南方熊楠資料研究会編、1999-2006年／南方熊楠研究会編、2015年～現在）

熊楠に関する最新の論考とともに、1992年に始まった南方熊楠邸調査に基づいた資料紹介を多く収録している。2015年に再開して以降は、南方熊楠研究会の年会誌となり、広く論考を募集するとともに、査読制度を充実させている。

『熊楠 WORKS』1～57号（南方熊楠顕彰会発行、1996年～現在）

年2回発行のニューズレターで、熊楠に関する情報を会員向けに発信している。南方熊楠顕彰館での講演会やシンポジウムの記録を多く掲載。南方熊楠顕彰館のHPには最新の状況が速報として反映されているので、そちらと併用するとさらに便利である。

松居竜五編／鶴見和子・雲藤等・千田智子・田村義也・松居竜五
『南方熊楠の謎——鶴見和子との対話』（藤原書店、2015年）

前半は松居による「鶴見和子の南方熊楠研究」。鶴見の生涯の中での南方熊楠との出会いの意味や、研究史における鶴見の位置づけをおこなっている。後半は2005年に4人の若手の南方熊楠研究者と鶴見和子がおこなった座談会の記録。

II　最近の南方熊楠研究に関するブックガイド

松居竜五・岩崎仁編『南方熊楠の森』（方丈堂出版、2005年）

那智に滞在していた頃を中心として、南方熊楠の紀伊半島での思索と生物調査を紹介した著作。現地での取材により、熊楠の森の現在の姿についても報告している。付録として、熊楠の生態調査と神社合祀反対運動に関するビデオを収録。

松居竜五・田村義也編『南方熊楠大事典』（勉誠出版、2012年）

南方熊楠に関するさまざまな情報を集大成した事典。熊楠の思想と生涯に関しての大項目や、「人名録」「著作」などの中小項目からなっている。巻末の熊楠の「年譜」も、現時点で刊行されたものとしては、もっとも詳細にわたっている。

中瀬喜陽監修『別冊太陽 南方熊楠——森羅万象に挑んだ巨人』（平凡社、2012年）

南方熊楠をヴィジュアル的に紹介した書籍は、比較的多く出版されている。その中でも本書は写真の美しさと最新の知見の紹介により、バランスの取れた一冊となっている。

唐澤太輔『南方熊楠——日本人の可能性の極限』（中公新書、2015年）

南方熊楠の生涯を簡潔に紹介した評伝として、現在入手しやすいもの。さまざまな研究者による最新の成果を取り入れつつ、著者の主たる関心である神秘思想や夢の分析と熊楠の関連についても詳しく論じている。

松居竜五『南方熊楠——複眼の学問構想』（慶應義塾大学出版会、2016年）

幼少期から田辺定住の頃までの南方熊楠の学問の形成過程について分析したもの。著者の旧邸書庫および海外での調査に基づいて、特に熊楠が何に影響を受けて自分の学問を展開したかに焦点を当てた。巻末に「ロンドン抜書」の引用書目録を付している。

志村真幸『南方熊楠のロンドン——国際学術雑誌と近代科学の進歩』
（慶應義塾大学出版会、2020年）

南方熊楠を19世紀の英国の学問状況の中に位置づけた著作。この時期の英国では、

●鶴見和子・南方熊楠 関連ブックガイド

本書をお読みいただいて、鶴見和子や南方熊楠に関してさらに知りたいという方のためのブックガイドを下記に記す。今回(2021年)の新版にあたって、南方熊楠研究を中心とした鶴見和子の書籍と、鶴見以降の最近の主な南方熊楠に関する研究書を付け加え、その後に本書初版刊行時のブックガイドを再掲することとした。また書籍だけでなく、関連の情報についてもたどれるようにしている。（作成＝松居竜五）

I　鶴見和子に関するブックガイド

鶴見和子『南方熊楠——地球志向の比較学』（講談社学術文庫、1981年）

初出は講談社の「日本民俗文化大系」第4巻として1978年に刊行されたもの。鶴見和子の南方熊楠に関する探究の原点に当たり、その思想の全体像を初めて浮き彫りにした著作。南方熊楠の研究史における金字塔であり、必読書。

『コレクション鶴見和子曼荼羅』全9巻（藤原書店、1997～1999年）

鶴見和子の文章を、各巻のテーマごとに集めた著作集。南方熊楠に関する論考は、「水」の巻に収録されている。その他の巻では、初期の仕事から内発的発展論に到る「基」、アニミズムについて説いた「魂」、さらに「年譜」などを収録した「環」がお薦め。

鶴見和子『遺言——斃れてのち元まる』（藤原書店、2007年／増補新版2018年）

鶴見和子の言葉は、死に到るまで輝いていた。最晩年の文章が並ぶが、なんと言っても冒頭の実妹の内山章子氏による「姉・鶴見和子の病床日誌」の最期の日々が圧倒的である。内山氏は「死にゆく人がどんな和歌を詠み、何を考え、何を思って死んでゆくのかを、貴方は客観的に記録しなさい」という鶴見の希望に沿って、この詳細な日誌を認めた。

鶴見和子・頼富本宏『曼荼羅の思想』（藤原書店、2005年）

種智院大学長であった頼富本宏との対談により、「南方マンダラ」に基づいて真言密教と現代社会をつなげる刺激的な試み。密教学の第一人者であり、2015年に惜しくも急逝した頼富の南方熊楠観など、他の書籍にない貴重な情報も含まれている。

●初出一覧

鶴見和子からのメッセージ――新版に寄せて

書き下ろし。

転換期の巨人・南方熊楠

『推進者』誌、1991年4月号―92年3月号、日本経営開発センター。
『コレクション鶴見和子曼荼羅Ⅴ　水の巻』藤原書店、1998年、所収。

創造性について――柳田国男・南方熊楠・今西錦司

『人間学紀要』誌、第22号、上智大学人間学会、1992年
『コレクション鶴見和子曼荼羅Ⅴ　水の巻』同上、所収。

辺境から風が吹く

『民藝の仲間』287号（「熊楠の家」上演パンフレット）、劇団民藝、1995年。
『コレクション鶴見和子曼荼羅Ⅴ　水の巻』同上、所収。

熊楠には理論があった――『十二支考』

『読みつがれた岩波文庫100』岩波書店、1995年（非売品）。
『コレクション鶴見和子曼荼羅Ⅴ　水の巻』同上、所収。

熊楠に寄せて

『コレクション鶴見和子曼荼羅Ⅴ　水の巻』同上。
『短歌朝日』誌、2000年11・12月合併号、朝日新聞社。

南方曼陀羅――未来のパラダイム転換に向けて

“Minakata-Mandala : A Paradigm Change for the Future” (Research Papers, Series A-65, 1995, IIR, Sophia University) の日本語による書き直し。

『コレクション鶴見和子曼荼羅Ⅸ　環の巻』藤原書店、1999年、所収。

〈対談〉「南方曼陀羅」をめぐって

未発表。

著者紹介

鶴見和子（つるみ・かずこ）

1918年生まれ。上智大学名誉教授。専攻・比較社会学。1939年津田英学塾卒業後、41年ヴァッサー大学哲学修士号取得。66年プリンストン大学社会学博士号を取得。論文名 *Social Change and the Individual: Japan before and after Defeat in World War II*（Princeton Univ.Press, 1970）。69年より上智大学外国語学部教授、同大学国際関係研究所員（82-84年、同所長）。95年南方熊楠賞受賞。99年度朝日賞受賞。

15歳より佐佐木信綱門下で短歌を学び、花柳徳太郎のもとで踊りを習う（20歳で花柳徳和子を名取り）。1995年12月24日、自宅にて脳出血に倒れ、左片麻痺となる。2006年7月歿。

著書に『コレクション　鶴見和子曼荼羅』（全9巻）『歌集　回生』『歌集　花道』『歌集　山姥』『好奇心と日本人』『鶴見和子・対話まんだら』『「対話」の文化』『いのちを纏う』『遺言〈増補新版〉』（以上、藤原書店）など多数。2001年9月には、その生涯と思想を再現した映像作品『回生　鶴見和子の遺言』を藤原書店から刊行。

南方熊楠・萃点の思想〈新版〉
——未来のパラダイム転換に向けて

2001年5月31日　初版第1刷発行
2021年4月30日　新版第1刷発行©

著　者　鶴　見　和　子
発行者　藤　原　良　雄
発行所　株式会社　藤　原　書　店

〒162-0041　東京都新宿区早稲田鶴巻町523
電　話　03（5272）0301
FAX　03（5272）0450
振　替　00160-4-17013
info@fujiwara-shoten.co.jp

印刷・製本　中央精版印刷

落丁本・乱丁本はお取替えいたします
定価はカバーに表示してあります
Printed in Japan
ISBN978-4-86578-310-0

VI 魂の巻——水俣・アニミズム・エコロジー　　**解説・中村桂子**
Minamata : An Approach to Animism and Ecology
四六上製　544 頁　**4800 円**（1998 年 2 月刊）**在庫僅少**◇978-4-89434-094-7
水俣の衝撃が導いたアニミズムの世界観が、地域・種・性・世代を越えた共生の道を開く。最先端科学とアニミズムが手を結ぶ、鶴見思想の核心。
月報　石牟礼道子　土本典昭　羽田澄子　清成忠男

VII 華の巻——わが生き相　　**解説・岡部伊都子**
Autobiographical Sketches
四六上製　528 頁　**6800 円**（1998 年 11 月刊）**品切**◇978-4-89434-114-2
きもの、おどり、短歌などの「道楽」が、生の根源で「学問」と結びつき、人生の最終局面で驚くべき開花をみせる。
月報　西川潤　西山松之助　三輪公忠　高坂制立　林佳恵　C・F・ミュラー

VIII 歌の巻——「虹」から「回生」へ　　**解説・佐佐木幸綱**
Collected Poems
四六上製　408 頁　**4800 円**　（1997 年 10 月刊）◇978-4-89434-082-4
脳出血で倒れた夜、歌が迸り出た——自然と人間、死者と生者の境界線上にたち、新たに思想的飛躍を遂げた著者の全てが凝縮された珠玉の短歌集。
月報　大岡信　谷川健一　永畑道子　上田敏

IX 環の巻——内発的発展論によるパラダイム転換　　**解説・川勝平太**
A Theory of Endogenous Development : Toward a Paradigm Change for the Future
四六上製　592 頁　**6800 円**（1999 年 1 月刊）**在庫僅少**◇978-4-89434-121-0
学問的到達点「内発的発展論」と、南方熊楠の画期的読解による「南方曼陀羅」論とが遂に結合、「パラダイム転換」を目指す著者の全体像を描く。
〔附〕　年譜　全著作目録　総索引
月報　朱通華　平松守彦　石黒ひで　川田侃　綿貫礼子　鶴見俊輔

鶴見和子のエッセンスを示す自選英語論文集

コレクション鶴見和子曼荼羅・別巻（英語論文選）

The Adventure of Ideas

A Collection of Essays on Patterns of Creativity & A Theory of Endogenous Development

Kazuko Tsurumi

Download for free at: http://www.japanime.com/tsurumi
(epub, mobi, PDF / 2014, Japanime Co. Ltd.)
◇ eISBN 978-4-921205-84-3　**電子書籍・無料**

生誕百年記念、大幅増補で復刊

増補新版

遺言（斃れてのち元まる）

鶴見和子

近代化論を乗り越える「内発的発展論」を提唱すると共に、南方熊楠の思想を読み解いた国際的社会学者、鶴見和子の最後のメッセージを集成した初版に、未公刊の『天皇皇后謁見』秘話」、および最晩年の著作『いのちを纏う』をめぐるシンポジウム（川勝平太・志村ふくみ・西川千麗各氏）を大幅増補した決定版！

四六上製　三三六頁　**二八〇〇円**　**口絵一頁**
（二〇〇七年一月／二〇一八年七月刊）◇978-4-86578-180-9

珠玉の往復書簡集

邂逅（かいこう）

多田富雄＋鶴見和子

脳出血に倒れ、左片麻痺の身体で驚異の回生を遂げた社会学者と、半身の自由と声とを失いながら、脳梗塞からの生還を果たした免疫学者。病前、一度も相まみえることのなかった二人の巨人が、今、病を共にしつつ、新たな思想の地平へと踏み出す奇跡的な知の交歓の記録。

B6変上製　二三二頁　**二二〇〇円**
（二〇〇三年五月刊）◇978-4-89434-340-5

強者の論理を超える

曼荼羅の思想

頼富本宏＋鶴見和子

体系なき混沌とされてきた南方熊楠の思想を「曼荼羅」として読み解いた社会学者・鶴見和子と、密教学の第一人者・頼富本宏が、数の論理、力の論理が支配する現代社会の中で、異なるものが異なるままに共に生きる「曼荼羅の思想」の可能性に向け徹底討論。

カラー口絵四頁
B6変上製　二〇〇頁　**二二〇〇円**
品切◇978-4-89434-463-1（二〇〇五年七月刊）

「着ることは、〝いのち〟をまとうことである」

新版 いのちを纏う（まとう）
〈色・織・きものの思想〉

志村ふくみ＋鶴見和子
新版序＝田中優子

長年〝きもの〟三昧を尽してきた社会学者と、植物染料のみを使って〝色〟の真髄を追究してきた人間国宝の染織家。植物のいのちの顕現としての〝色〟の思想と、魂の依代としての〝きもの〟の思想とが火花を散らし、日本のきもの文化を最高の水準で未来へと拓く。待望の新版！

四六上製　二六四頁　**二八〇〇円**　**カラー口絵八頁**
（二〇〇六年四月／二〇二一年一月刊）◇978-4-86578-299-8

「人生の達人」と「障害の鉄人」、初めて出会う

米寿快談
〈俳句・短歌・いのち〉

金子兜太＋鶴見和子
編集協力＝黒田杏子

反骨を貫いてきた戦後俳句界の巨星、金子兜太。脳出血で斃れてのち、短歌で思想を切り拓いてきた鶴見和子。米寿を前に初めて出会った二人が、定型詩の世界に自由闊達に遊び、語らう中で、いつしか生きることの色艶がにじみだす、円熟の対話。

口絵八頁
四六上製　二九六頁　**二八〇〇円**
（二〇〇六年五月刊）◇978-4-89434-514-0

"文明間の対話"を提唱した仕掛け人が語る

「対話」の文化
（言語・宗教・文明）

服部英二＋鶴見和子

ユネスコという国際機関の中枢で言語と宗教という最も高い壁に挑みながら、数多くの国際会議を仕掛け、文化の違い、学問分野を越えた対話を実践してきた第一人者・服部英二と、「内発的発展論」の鶴見和子が、南方熊楠の曼荼羅論を援用しながら、自然と人間、異文化同士の共生の思想を探る。

四六上製　二二四頁　**二四〇〇円**
（二〇〇六年二月刊）
◇978-4-89434-500-3

新発見の最重要書翰群、ついに公刊

高山寺蔵 南方熊楠書翰
（土宜法龍宛 1893-1922）

奥山直司・雲藤等・神田英昭編

二〇〇四年栂尾山高山寺で新発見され、大きな話題を呼んだ書翰全四三通を完全に翻刻。熊楠が最も信頼していた高僧・土宜法龍に宛てられ、「南方曼陀羅」を始めとするその思想の核心に関わる新情報を、劇的に増大させた最重要書翰群の全体像。

A5上製　三七六頁　**八八〇〇円**　**口絵四頁**
（二〇一〇年三月刊）
◇978-4-89434-735-9

鶴見和子が切り拓いた熊楠研究の到達点

南方熊楠の謎
（鶴見和子との対話）

松居竜五編
鶴見和子・雲藤等・千田智子・田村義也・松居竜五

熊楠研究の先駆者・鶴見和子と、最新資料を踏まえた研究者たちががっぷり四つに組み、多くの謎を残す熊楠の全体像とその思想の射程を徹底討論、熊楠から鶴見へ、そしてその後の世代へと、幸福な知的継承の現場が活き活きと記録された鶴見最晩年の座談会を初公刊。

四六上製　二八八頁　**二八〇〇円**
（二〇一五年六月刊）
◇978-4-86578-031-4

詩学（ポエティカ）と科学（サイエンス）の統合

新版 「内発的発展」とは何か
（新しい学問に向けて）

川勝平太＋鶴見和子

二〇〇六年に他界した国際的社会学者・鶴見和子と、その「内発的発展論」の核心を看破した歴史学者・川勝平太との、最初で最後の渾身の対話。鶴見和子の仕事の意味を振り返る、川勝平太による充実した「新版序」を付し、待望の新版刊行！

B6変上製　二五六頁　**二四〇〇円**
（二〇〇八年一一月／二〇一七年八月刊）
◇978-4-86578-134-2